自然新疆

管开云　张元明　主编

山东科学技术出版社
·济南·

图书在版编目（CIP）数据
自然新疆 / 管开云，张元明主编. -- 济南 : 山东科学技术出版社，2025. 1. -- ISBN 978-7-5723-2345-4
Ⅰ. K924.5
中国国家版本馆 CIP 数据核字第 2024X10Q09 号

自然新疆
ZIRAN XINJIANG

责任编辑：陈　昕　张　琳

主管单位：山东出版传媒股份有限公司
出 版 者：山东科学技术出版社
地址：济南市市中区舜耕路 517 号
邮编：250003　电话：（0531）82098088
网址：www.lkj.com.cn
电子邮件：sdkj@sdcbcm.com
发 行 者：山东科学技术出版社
地址：济南市市中区舜耕路 517 号
邮编：250003　电话：（0531）82098067
印 刷 者：山东临沂新华印刷物流集团有限责任公司
地址：山东临沂高新技术产业开发区龙湖路
邮编：276017　电话：（0539）2925659

规格：16 开（210 mm × 285 mm）
印张：28.5　　字数：280 千
版次：2025 年 1 月第 1 版　印次：2025 年 1 月第 1 次印刷
定价：480.00 元

《自然新疆》

编辑委员会

概要

新疆维吾尔自治区（以下简称“新疆”）地处欧亚大陆腹地，是我国面积最大的省区。新疆境内山地与盆地相间，北有秀美的阿尔泰山，南有苍莽的昆仑山，天山山脉雄踞中部，三山间北为准噶尔盆地，南为塔里木盆地，从南到北分布着各种类型的荒漠、草原、森林、湖泊和河流等各种自然景观。

新疆生态环境复杂多样，生物多样性丰富，在我国和世界生物多样性构成中具有重要地位。新疆已知维管植物 4100 余种，脊椎动物 770 余种，仅陆生脊椎动物就超过 600 种，是世界上唯一现存的野生马种原产地，也是现代野生双峰驼的分布中心。

《自然新疆》通过大量精美的图片，配以相应的文字，向读者展示了新疆的各种自然景观、生态类型和动植物资源。通过本书，读者对新疆的大山、大漠、大湖、大河、大美、大气等将有更全面的了解。

管开云，男，1953年生，理学博士，研究员，博士生导师。先后担任中国科学院昆明植物研究所昆明植物园主任，中国科学院新疆生态与地理研究所副所长、吐鲁番沙漠植物园主任，伊犁植物园主任，新疆自然博物馆馆长，新疆植物学会副理事长，中国植物学会植物园分会副理事长，国际山茶协会主席；国际植物园协会执委、副秘书长，中国植物学、保护生物学首席科学传播专家，国家林业和草原局首席科学传播专家，享受国务院特殊津贴。发表学术论文200余篇，出版专著20余部，多部著作获国家、省部级奖励。

张元明，1972年出生于新疆，现任中国科学院新疆生态与地理研究所所长、研究员、博士生导师。主要从事干旱区生态系统结构、功能与生物多样性研究，享受国务院特殊津贴，国家“万人计划”领军人才，国家重点研发计划项目首席，塔吉克斯坦国家科学院外籍院士。兼任新疆科学技术协会副主席、新疆植物学会理事长。在*Nature Plants*、*The Innovation*、*Science Bulletin*、*Soil Biology and Biochemistry*、*Plant and Soil*等刊物发表论文150余篇，出版中英文专著4部。

序

新疆位于我国西部，地处欧亚大陆腹地，东西长约 1900 km，南北宽约 1500 km，总面积 166.49 万 km^2，占国土面积的 1/6，是我国面积最大的省区。

新疆深居内陆、远离海洋，属温带大陆性气候，且四面环山，处于封闭和半封闭状态，为气候极端干旱的一个特殊自然地理区域。境内山地与盆地相间，北有秀美的阿尔泰山，南有苍莽的昆仑山，天山山脉雄踞中部，三山间北为准噶尔盆地，南为塔里木盆地。受高程和纬差效应制约以及特殊地形地貌的深刻影响，广阔的荒漠被群山环抱、封闭和切割，处于荒漠之中的山地、森林、河流、湖泊又被干旱荒漠所包围，荒漠和多种隐域性生境相互阻隔，造就了新疆不同区域和地段的光热、水文、气候、植被等差异鲜明、极为复杂的自然景观，因而形成了许多不同类型的低阶元生态地理单元。世界第二高峰乔戈里峰、低于海平面 154 m 的艾丁湖、最低极端气温为 −52.3℃的可可托海、最高气温达 49.6℃的火洲吐鲁番、世界第二大流动性沙漠塔克拉玛干沙漠、中国最大的内陆淡水湖博斯腾湖、世界第五的内陆河塔里木河，等等，都是大自然赋予新疆这片广袤土地独特而奇异的景观。

新疆生态环境复杂多样，生物多样性独特，在我国和世界生物多样性构成中具有重要地位。由于具有复杂多样的自然环境和气候条件，且保留有一些较为完整的原生景观，新疆不少区域在一定程度上已成为许多珍稀动物少有的繁殖地和庇护所。新疆已知维管植物 4100 余种，占全国维管植物种数的 13.1%，且拥有大量栽培植物的野生亲缘种，包括野核桃、野苹果等栽培果树的祖先种及郁金香等众多野生花卉的原生种。新疆已知脊椎动物 770 余种，占全国脊椎动物种数的 17.8%，是世界上唯一现存的野生马种原产地，也是现代野生双峰驼的分布中心。

然而，由于各种原因，人们对新疆的了解还十分有限。新疆面积太大，很难通过一两次调查就能全面了解。加之新疆地处北温带，季节变化十分明显，一周之内同一地区的景观可能就完全不一样。因此，出版一本系统介绍新疆自然全貌的图书，让人们全面了解新疆的自然条件就显得十分必要。

2020年12月，在中国科学院新疆生态与地理研究所科普馆的基础上改造升级的新疆自然博物馆建成并对公众开放。我应邀为该馆题写了馆名。新疆自然博物馆对整个新疆的自然状况进行了比较全面、系统、科学的介绍。中国科学院新疆生态与地理研究所的科研人员在新疆自然博物馆的基础上，对原来博物馆的展示内容、科学信息、文字、照片等进行了补充完善，编辑出版了这本《自然新疆》，通过大量精美的照片，配以相应的文字，向读者展示新疆的各种自然景观、生态类型和动植物资源。通过本书，读者可以对新疆的大山、大漠、大湖、大河、大美、大气等有更多、更深入、更全面、更系统的了解。

该著作是一部难得的了解新疆的科普图书。通过本书，读者可领悟更多新疆的自然奥秘，激发读者热爱自然、崇敬自然和保护自然的热情。本书的出版对新疆生物多样性保护、促进新疆经济发展、加强民族团结、践行“一带一路”倡议等具有重要的意义。

许智宏

中国科学院院士

北京大学生命科学学院教授

联合国教科文组织人与生物圈计划中国国家委员会

专家咨询委员会主席

2024年9月

前言

新疆是个好地方，在于其美之博大宽广，在于其韵之丰饶多姿。新疆不仅拥有浩瀚的沙漠、苍茫的戈壁、葱郁的绿洲、广袤的草原、逶迤的雪山、湛蓝的湖泊、蜿蜒的河流，而且多民族、多文化、多维度的文明汇聚交融于此，让这片土地呈现出山河大美之姿，展现出勃勃生机之韵。

新疆幅员辽阔，境内高山低谷、盆地平原交错，自然条件迥异，景观风格独特，生态环境复杂多样，虽然以干旱荒漠为主，但生物多样性仍较丰富，并具独特性，在我国和世界生物多样性构成中具有重要地位。

新疆是典型的干旱区和多民族聚居区，也是历史上著名的丝绸之路要道，奇特的自然景观、灿烂的古文明及多彩的民族风情，成为新疆高品质旅游的宝贵资源。此外，作为中国最大的后备耕地储备地，新疆的大面积连片耕地巍巍壮观，成为一道独特靓丽的风景线；驰名中外的瓜果，如葡萄、哈密瓜、和田大枣、库尔勒香梨、阿克苏冰糖心苹果等也已家喻户晓。

新疆的面积很大，因此很难通过一两次到访就能比较全面地了解。此外，新疆地处北温带，季节变化十分明显，一周之内同一地区的景观甚至都完全不一样。比如伊犁新源吐尔根的杏花盛花期只有不到一周的时间，而且每年的盛花期时间都不同，这就导致许多人满怀期望而来，却又失望离去。再比如，塔里木的胡杨林秋色堪称世界第一，但很少有人了解。虽然名气远不如内蒙古的额济纳胡杨林，但实际上，塔里木的胡杨林秋色远比额济纳的胡杨林秋色要大气、壮观许多。这其中有多种原因，包括宣传不到位，距离遥远、旅行不便，以及地处塔里木盆地中间的胡杨林颜色变化受气温影响很大，每年的秋色胜景时间差异较大，等等。因此，一本系统介绍新疆全貌的图书对人们全面了解新疆就显得尤为必要。

通过本书，人们能够对新疆的大山、大漠、大湖、大河、大美、大气有更全面的了解。让那些到过新疆的人还想再来，没有到过新疆的人心向往之，让新疆成为人们一生必须到访的旅游目的地，为新疆的经济发展、旅游产业发展、民族间团结和谐，以及祖国边疆的稳定繁荣作出贡献，是本书的价值所在。

本书分不同篇章编写，向读者展示新疆的各种大美自然景观和丰富的动植物资源。通过本书，读者可以比较全面系统地了解新疆，进而热爱新疆。本书的出版对保护新疆的生态环境和生物多样性、促进新疆旅游业的发展、加强各民族间的团结、践行“一带一路”倡议等具有重要的意义。

本书通过大量精美的照片，配以相应的文字说明，向读者展示了新疆的各种自然景观、生态类型和动植物资源。文字以严谨的科学知识为基础，行文深入浅出；图片从多位摄影师历经 10 多年拍摄的几万幅照片中精选，其中绝大部分是首次与读者见面。

本书是一本科普图书，可供博物爱好者、旅游爱好者、摄影爱好者、旅游从业者、科普工作者等参考使用，同时也是各级机关干部、公务员，以及生态学、地理学、植物学、动物学、保护生物学和园艺学等专业的师生和从业者难得的参考书。

由于编著者水平有限，错误在所难免，诚恳期望各位读者不吝赐教，批评指正。

编委会

2024 年 3 月

目录

第一章　概述

◤海拔 4700 m 的昆仑山库木库里沙漠

新疆复杂的自然景观和气候条件孕育了丰富的生物多样性，并赋予了其独特性，在我国和世界生物多样性构成中具有重要地位。

新疆位于中国西部，地处欧亚大陆腹地，南北宽约 1500 km，纵跨纬度 14° 30′；东西长约 1900 km，横越经度 22° 50′，总面积 166.49 万 km^2，是北温带深居内陆、远离海洋且四周环山，处于封闭和半封闭状态，且气候极端干旱的一个特殊自然地理区域。

◤塔克拉玛干沙漠的柽柳

气候

新疆有着明显的温带大陆性干旱气候，冬季寒冷且漫长，夏季炎热却短暂，春秋两季气温多变且差异明显。这里降水稀少，极端干旱，气候变化剧烈且紫外线辐射强，南北地跨纬度约 15°，地形高差大，南北疆有暖、寒、温带之分，东西部有明显的干湿之别，同一地区因地形高差而具有鲜明的垂直气候特征。新疆是世界同纬度上降水量最少的地区，全年降水量按面积计算平均只有 145 mm，仅为全国平均值的 23%。

地貌

新疆境内山地与盆地相间，“三山夹两盆”是构成新疆自然环境的大地地貌基础，全境山地面积占49.5%，北有秀美的阿尔泰山，南有苍莽的昆仑山，天山山脉雄踞中部；三山间北为准噶尔盆地，南为塔里木盆地。三大山系夹峙着两大盆地。

新疆由南到北分布着青藏高原高寒荒漠、塔里木盆地暖温带荒漠、准噶尔盆地温带荒漠和阿尔泰山南麓的荒漠草原，以及西北一隅的寒温带泰加林，还存在水平地带性自然景观的明显不同。

昆仑山多彩的地貌景观

受高程和纬差效应制约以及特殊地形地貌的深刻影响，广阔的荒漠被群山环抱、封闭和切割，处于荒漠之中的山地、森林、河流、湖泊又被干旱荒漠所包围，荒漠和多种隐域性生境相互阻隔，造就了不同区域和地段在光热、水文、气候、植被等方面差异明显、特征鲜明、极为复杂的自然景观。

天山森林植被

植被

新疆的水平植被地带结构具有大陆性旱生植被地带性特点。植被自北向南发生明显的草原地带、荒漠地带与高寒草原地带的更替。新疆植被的垂直带有山地荒漠垂直带、山地草原垂直带、山地森林—草甸垂直带或森林草原垂直带、亚高山植被垂直带和高山植被垂直带5种类型。

各山地植被垂直带内除了地带性植被类型外，还分布有非地带性的植物群落。如在山地森林—草甸垂直带内的阳坡，出现山地草原群落和石生植物群聚，河谷中有杨树林和灌丛，高山植被带的谷地中局部出现沼泽草甸等。这些隐域植物群落与优势的地带性群落相结合，形成了各植被垂直带的植被总体。

新疆的山地植被垂直带有 4 种类型：阿尔泰山植被垂直带、天山植被垂直带、阿尔金山北坡植被垂直带，以及帕米尔、昆仑山与藏北高原植被垂直带。

伊犁河下游湿地

生物多样性

特殊的地理位置和复杂的气候条件孕育了新疆丰富的生物多样性，并赋予了其独特性，使新疆成为世界生物多样性关注的重要区域。

新疆在我国和世界生物多样性构成中具有重要地位。新疆地处几个植物地理区系的交汇处，植物区系比较复杂。在欧亚大陆的水平植被地带结构中，新疆的植被独立于两翼的海洋性森林植被带之间，具有大陆性旱生植被地带特点。新疆的野生植物资源丰富，草场类型较多，但以半荒漠和荒漠类型的野生植物、草场分布面积最大。据不完全统计，新疆有野生维管植物 4109 种、大型真菌 568 种、苔藓植物 471 种、地衣 710 余种，其中特有种 300 余种，且拥有大量栽培植物的野生亲缘种，以及野核桃、野苹果和野生花卉的原生种。由于野生植物资源区域性特征强，有多种植物在我国乃至世界仅分布于新疆。同时，新疆还有数量可观的古树名木、奇草异花，世界上很多名贵的花草种类都可以在新疆找到。

由于具有复杂多样的自然环境，且保留着一些较为完整的原生景观，新疆不少区域在一定程度上已成为许多珍稀动物的繁殖地和庇护所。目前，新疆共有脊椎动物 770 余种，占全国脊椎动物种数的 17.8%，其中鱼类 92 种，两栖类 10 种，爬行类 50 种，鸟类 470 余种，哺乳类 148 种。脊椎动物中，鸟类和哺乳类种类较为丰富，分别占全国鸟类和哺乳类物种数的 34.0% 和 21.5%。

新疆是世界上唯一现存的野生马种原产地，也是现代野生双峰驼的分布中心。自然界中的野马在近半个世纪已销声匿迹，而野生双峰驼世界上现存数量也不足千头，新疆的野生马种和野生双峰驼弥足珍贵。盘羊是备受人们青睐的珍贵物种，而新疆是全球盘羊种群数量和亚种最多的区域，全球盘羊的 9 个亚种中，有 6 个亚种分布在新疆。野牦牛和藏羚为青藏高原特有种，是世界上不可多得的高原兽类典型代表。新疆的猛禽如鹰、隼、鸮类多达 46 种，占全国 88 种的 52%。新疆还是雪豹、马鹿、天鹅、黑鹳等珍稀鸟兽的重要栖息繁殖地，国内白肩雕、游隼、斑嘴鹈鹕、灰鹤、云石鸭、白头硬尾鸭等也几乎仅在新疆境内繁殖。

◤新疆蒙库矽卡岩型铁矿床

矿产

新疆在漫长的地质时期经历了复杂多样的构造演化阶段，而各演化阶段成矿作用不同，造就了新疆多姿多彩、独特的矿产面貌。阿尔泰山主要产铜、铅、锌、金、铁、锂、铍等，“环准噶尔”主要产铜、镍、钼、铬、铁、金等，“环塔里木”主要产铁、铅锌、铜、金、锰等，昆仑山以铁、铜、铅锌、汞锑、锂等为主要矿产资源。

此外，“两大盆地”是能源矿产（石油、天然气、煤、煤层气、油页岩、铀等）及特色非金属矿产（饰面用花岗岩、石灰石、红柱石、石棉、白云母、石膏、石墨、玉石、宝石等）的聚宝盆。世界上所有重要类型的金属矿床在新疆均有产出，如斑岩型铜金矿床、岩浆型铜镍硫化物矿床、造山型金矿床、浅成低温热液型金矿床、火山块状硫化物型铜多金属矿床、喷流沉积型铅锌铜矿床、铁氧化物铜金矿床、热液脉型金银矿床、伟晶岩型稀有金属矿床、砂岩型铜铅锌铀矿床、密西西比河谷型铅锌矿床和蒸发沉积矿床等。

旅游资源

新疆是典型的多民族聚居区，也是历史上著名的丝绸之路要道。特殊的自然和社会环境造就了新疆丰富而奇特的自然景观、灿烂的古文明及多彩的民族风情，不仅成为新疆旅游业的宝贵资源，而且早已蜚声海内外，是我国旅游资源的重要基地。

新疆旅游资源基本呈“三带两环状”分布。三带即为沿阿尔泰山、天山和昆仑山三大山脉的带状区；两环即为沿塔里木和准噶尔两大盆地的边缘带状区。正是这种分布特征才使新疆旅游资源形成了北疆、南疆和天山三条主要环线。

新疆旅游资源的类型以自然和人文两大类并重，自然类有 45 个基本类型，占全疆类型总数的 43.7%；人文类有 58 个基本类型，占总数的 56.3%；二者类型数之比约为 4 ∶ 5。自然旅游资源类型主要体现在地文景观、水域风光景观和生物景观，分别达 165 处、225 处和 211 处，是新疆高品质旅游资源的重要组成部分。

托木尔峰冰川

第二章　山地

◤那拉提深秋的雪山草原

新疆的山地面积很大，三大山系的面积总和约为 90 万 km^2，约占全疆总面积的 54%。

新疆北有秀美的阿尔泰山，南有苍莽的昆仑山，天山山脉雄踞中部；三山间北为准噶尔盆地，南为塔里木盆地。三大山系夹峙着两大盆地。

一、新疆山系概况

新疆的山地基本是纬向分布的，南部山地最高，中部次之，北部较低。南部的喀喇昆仑山主峰——乔戈里峰海拔8611 m，山脊线大致在海拔6000 m；中部的天山主峰——托木尔峰海拔7443 m，山脊线平均海拔4500 m左右；北部的阿尔泰山在我国边境的主峰——友谊峰海拔4374 m，山脊线平均海拔3000 m左右。

新疆的山地是大陆性冰川资源最富集的区域，也是新疆降水比较丰富的区域，为新疆提供了90%左右的淡水资源。三大山系的森林、草原起到了涵养水源的功能。同时，山地是优良的生态屏障，大的山体拦截了环流水汽，形成巨大的“湿岛”，为南北疆的绿洲提供了丰富的水源。新疆山地也是生物资源和矿产资源的富集区，是资源供给的重要保障。

◤汗腾格里峰

◤西天山

◤托木尔冰川

◤那拉提秋景

◤博格达峰

◤库尔德宁

天山

天山阴坡景观

二、阿尔泰山系

阿尔泰山的蒙古语意为“金山”，位于中国新疆维吾尔自治区北部和蒙古西部，呈西北—东南走向，长 1650 km，南北宽 130~200 km，主峰友谊峰海拔 4374 m，是亚洲中部横跨俄罗斯、哈萨克斯坦、中国、蒙古四国的巨大山系，同时也是中亚和北冰洋的天然分水岭。阿尔泰山是许多特有、濒危动植物的主要分布区和避难所，是具有全球意义的生物多样性中心区域之一。

阿尔泰山

阿尔泰山是重要的山地森林生态系统、西伯利亚稀树草原、湿地生态系统和高山、高峰的聚集地，拥有从荒漠草原到冰雪带的完整山地垂直自然带谱，包括草原、针阔混交林、草甸、高山苔原以及湿地在内的代表性西伯利亚生态系统。同时，阿尔泰山也是鄂毕河的上源支流额尔齐斯河的发源地（WWF-IUCN，1995）。

阿尔泰山白桦林秋色

◤冰雪覆盖的阿尔泰山

友谊峰

中国境内的阿尔泰山属中段南坡，西起中国与哈萨克斯坦边境，北连俄罗斯，东至中国新疆青河县，与蒙古国接壤，山体长 500 余 km，海拔 1000~3000 m，主要山脊高度在 3000 m 以上，北部的最高峰为友谊峰，海拔 4374 m。

新疆阿尔泰山具有明显的大陆性气候特征。由于地势自东北向西南倾斜，海拔梯度和森林生态系统对来源于大西洋、北冰洋的湿润气团起着阻滞和再分配的作用，故雨量充沛，光热资源比较丰富，西部气候较东部更加湿润。山麓地带（海拔约 500 m）年平均气温为 3.2℃，海拔 1900 m 处为 -3.6℃，整个区域年平均气温为 -0.2℃，极端最高气温和极端最低气温分别为 33.3℃和 -51.5℃，最热 7 月和最冷 1 月的月平均气温分别为 15.9℃和 -16.0℃，无霜期 80~108 天，年日照时数为 2157.4 小时。降水量随海拔升高而增加，垂直地带性分布特征明显，最大降水量出现在海拔 2100 m 左右的地带，低山带降水量为 200~300 mm，中山带 300~600 mm，高山带 600~800 mm。冬季降雪频繁，最大积雪深度可达 200 cm。

友谊峰冰川

喀纳斯冰川

新疆阿尔泰山是我国现代冰川的主要分布区之一，储量丰富的冰川对区内水分起着重要的调节作用。自新疆阿尔泰山发源的哈巴河、布尔津河、克兰河、喀拉额尔齐斯河等支流均注入额尔齐斯河，形成典型的梳状水系。

阿尔泰山针阔混交林

阿尔泰山具有典型的南西伯利亚区系植被类型，并有明显的寒温带垂直植被带谱。新疆阿尔泰山的森林生态系统以新疆落叶松、新疆云杉、新疆五针松和新疆冷杉组成的寒温带针叶林为主，其中一部分为落叶性，并加入了疣枝桦、多种柳树、欧洲山杨和苦杨等落叶阔叶林树种。森林线大体处在 1800~1900 m 的高度，占地面积为 160 多万 hm^2，其中有 100 多万 hm^2 属特级保护。

三、天山山系

天山是世界七大山系之一，位于地球上最大的陆地——欧亚大陆腹地。天山东西横跨中国、哈萨克斯坦、吉尔吉斯斯坦和乌兹别克斯坦四国，全长 2500 km，南北平均宽 250~350 km，最宽处达 800 km。天山是世界上最大的独立纬向山系，同时也是世界上距离海洋最远的山系和全球干旱地区最大的山系。

天山云海

新疆天山，是指天山山脉分布在中国境内的部分，又称中国天山或东天山，古名白山，又名雪山。天山呈东西走向，中国境内绵延 1760 km，占天山总长度的四分之三以上，横亘新疆全境，跨越南疆的喀什地区、克孜勒苏柯尔克孜自治州、阿克苏地区、巴音郭楞蒙古自治州、吐鲁番市、哈密市以及北疆的伊犁哈萨克自治州、博尔塔拉蒙古自治州、石河子市、昌吉回族自治州、乌鲁木齐市等多个地州市，是准噶尔盆地和塔里木盆地的天然地理分界，也是新疆地理的独特标志。

天山山脉

博格达冰川

◤博格达峰

新疆天山占地 57 万多 km^2，占新疆全区面积约三分之一。天山山系由 3 列山脉组成，由北往南分别称为北天山、中天山和南天山。天山山体由山地、山间盆地和山前平原三部分组成。中国境内的天山山脉把新疆大致分成两部分：南边是塔里木盆地，北边是准噶尔盆地。

在天山山系中，海拔在 5000 m 以上的山峰有数十座，除最高峰托木尔峰（海拔 7443 m）外，还有中哈界峰汗腾格里峰、博格达峰、瓦斯基配卡维里山、德拉斯克巴山、搜雷孜山、史卡特尔东峰、孜哈巴间山等。

汗腾格里峰

◤托木尔峰

◤白石峰

◤特克斯花斑森林

◤秀美乔尔玛

◤河源一号冰川

天山也是中国最大的现代冰川区之一，共有冰川9128条，总面积达9253 km^2，冰储量10122亿m^3，冰储量约占新疆冰川储量的37.7%。其中以天山西段的托木尔峰—汗腾格里峰山结和哈尔克他乌山为最大的冰川分布区。著名的冰川有乌鲁木齐河源一号冰川、托木尔冰川、汗腾格里冰川、木扎特冰川等。

◤夏塔

新疆天山共有野生动植物3000余种，各类珍稀濒危动植物近500种，包括雪豹、暗腹雪鸡、高山兀鹫、小叶白蜡、新疆郁金香等。天山地区还是瓜果之乡。历史上从西域传来的葡萄、苜蓿、胡麻、甜瓜、核桃等均是通过这里传入内地的。托木尔峰南部仅果树种类就有10多种，主要有苹果、核桃、葡萄、桃、杏、梨、沙枣、樱桃、楸子、红枣等，尤以苹果、核桃、杏，品种最为繁多。

2013 年，中国境内天山的托木尔峰、喀拉峻—库尔德宁、巴音布鲁克、博格达 4 个片区以“新疆天山”名称成功申请为世界自然遗产，成为中国第 44 处世界遗产。

远眺天山

四、昆仑山系

昆仑山系是以昆仑山和喀喇昆仑山为主体的新疆南部山地，南倚藏北高原，北临塔里木盆地，西起帕米尔高原，横贯新疆、西藏，东部延入青海省境内，长约2500 km，宽 100~250 km，山势以宽厚、高峻、挺拔著称，被称为“亚洲脊梁”。

音苏盖提冰川，位于塔什库尔干塔吉克自治县境内，是中国境内最大的冰川

公格尔九别峰，西昆仑山脉的主峰之一，处于公格尔山主分水岭上，地处主山脊与两侧数条支脉交汇地段，海拔 7530 m，位于阿克陶县布伦口以东 21 km。公格尔九别峰与公格尔峰相距 10.5 km，各自构成独立的冰川发育中心

昆仑山高海拔地区冰川广布，有冰川 9822 条，面积 16 807 km^2，冰储量 16 542 亿 m^3。昆仑山在新疆境内长 1500 km，山体环绕塔里木盆地南缘。西部的公格尔峰海拔 7649 m，慕士塔格峰为 7509 m；中部的慕士峰海拔 6638 m，琼木孜塔格峰为 6962 m；东部的木孜塔格峰海拔 6973 m。

慕士塔格峰，地处阿克陶县与塔什库尔干塔吉克自治县交界上，海拔 7509 m

木孜塔格峰，位于且末县和若羌县交界处，海拔 6973 m，主峰周围 20 km 范围内有 6000 m 以上高峰 16 座

乔戈里峰，位于塔什库尔干塔吉克自治县，是喀喇昆仑山主峰，海拔达 8611 m，为世界第二高峰，又称 K2 峰，是世界上最大的山岳冰川区，其北坡有我国最长的音苏盖提冰川

喀喇昆仑山位于中国新疆西南部及克什米尔东北部，向东延入我国西藏北部，长 550 km 以上，宽 150~250 km，是青藏高原山势最高的山地之一，平均海拔 6000 m 以上。主峰乔戈里峰海拔 8611 m，是世界第二高峰。喀喇昆仑山高峰连片，形成了大面积的冰川区。

帕米尔、昆仑山内部和藏北高原高寒荒漠植被区，垂直带分异不显著，仅在局部湿润山坡出现垫状植被和在寒谷中出现高寒荒漠草原。广大的台地和山坡为高寒荒漠群系所占据，向上过渡为无高等植物的高山裸岩带与冰川恒雪带。这种由荒漠植被直接与冰雪带相接触的现象，在世界上其他地区十分罕见，表征着这里具有极干旱的内陆高原荒漠景观。

昆仑山区具有青藏区系高原高寒植被类型。植被丛低矮、多茸毛，多为以垫状、生长密集为特征的耐高寒旱生、中旱生植物，如四蕊山莓草、驼绒藜、蚤缀、高山绢蒿、水柏枝等组成的高寒荒漠植被，以及硬叶苔草、紫花针茅、藏旱熟禾、棘豆等组成的高寒草原植被。

奥依塔格

昆仑山区拥有典型的高原动物种群，属青藏区系，以野牦牛、藏野驴、藏羚、藏原羚、藏狐、灰尾兔、鼠兔、盘羊、岩羊、棕熊、雪豹等为代表。地栖型的兽类及鸟类种数较多，许多候水鸟在季节迁徙中常在此处的湖泊出没。

第三章　河湖

◤巴音布鲁克草原上的河流

水，是生命之源。没有水，地球将是一片死寂，更不可能有人类和人类文明。

水系是流域内所有河流、湖泊等各种水体组成的水网系统。水流最终流入海洋的，称为外流水系；水流最终流入内陆湖泊或消失于荒漠之中的，称为内流水系。

一、新疆河湖概况

新疆地形复杂，三山夹两盆，沙漠、绿洲、戈壁、高山、草原，生态类型应有尽有。三大山脉的积雪、冰川孕育汇集了 500 多条河流，以及总面积超过 1 万 km^2 的湖泊。由于新疆地处内陆，远离海洋，气候干燥，夏季炎热、冬季严寒，水量不稳定，随着补给水量的增减，水面时大时小，湖形多变。

博斯腾湖晚霞

伊犁河源头之一

◤开都河冬景

赛里木湖

在干旱的新疆，山地、绿洲、荒漠镶嵌共生的独特生态系统，构筑出万物赖以生存的家园；交相辉映的河湖构成了大美新疆的生命脉络；发源于山区的河流，流经绿洲被人类截流散耗，最终注入尾闾湖泊或消失于荒漠之中。这种内陆干旱区独特的水循环模式造就出新疆独具特色的“灌溉绿洲”，所占面积不足5%的绿洲，却集中了新疆90%以上的耕地和人口，使用了河流流出山口后70%~90%的水资源。

天池全景

◤特克斯天堂湖

◤沙海中的时令湖泊

二、河流

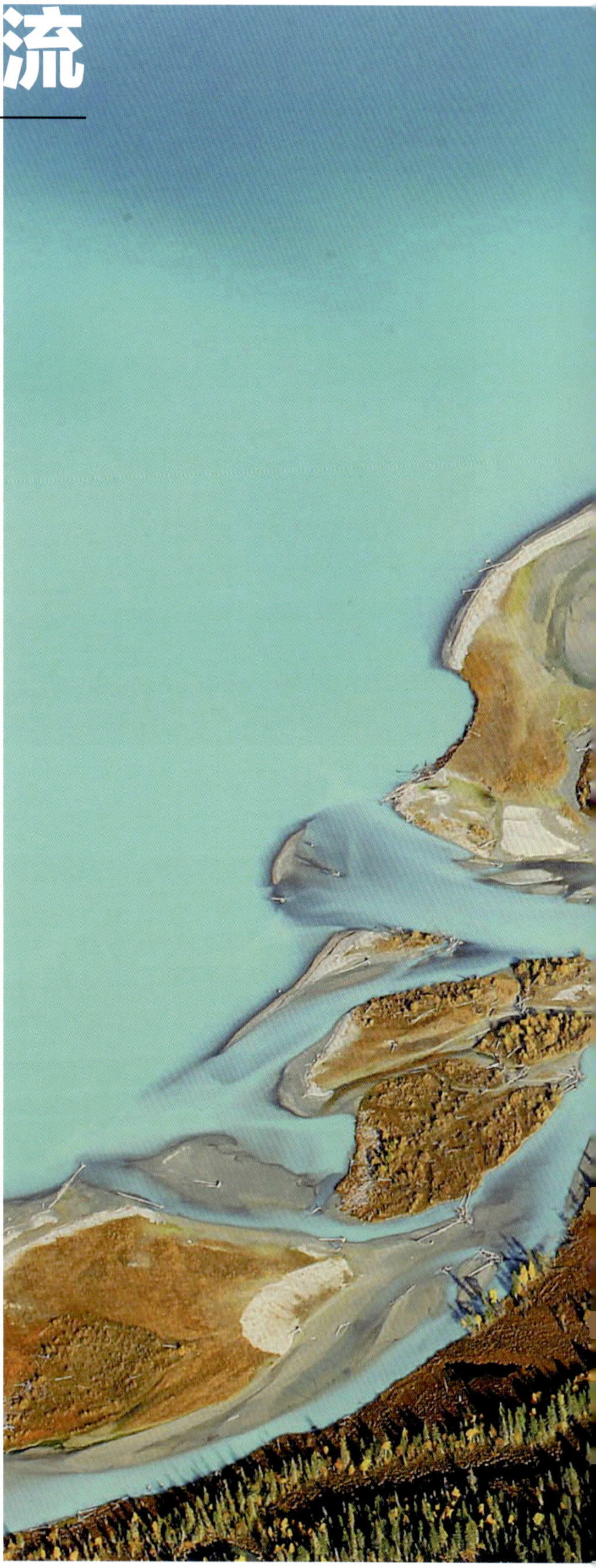

新疆绝大部分河流属于内陆河，唯有北部的额尔齐斯河流经哈萨克斯坦和俄罗斯，汇入鄂毕河，最终注入北冰洋；西南部喀喇昆仑山的奇普恰普河等流入印度河，最后注入印度洋。发源于盆地周围山地的内陆河流，向盆地内部流动，构成向心水系，河流的归宿点是内陆盆地和山间封闭的低洼地带。

全疆共有大小河流 570 条，其中北疆 387 条，南疆 183 条。在 570 条河流中，大部分是流程短、水量小的河流，85.4% 的河流年径流量小于 1 亿 m^3（487 条），其年总径流量仅有 82.9 亿 m^3，占全部河流年总径流量的 9.4%；仅有 3.2% 的河流年径流量大于 10 亿 m^3（18 条），但年总径流量却达 525.73 亿 m^3，占全部河流年总径流量的 59.8%。另外，还有 33 条国际河流，其中流出国境的河流 12 条，从国外流入的河流 15 条，界河 6 条。

喀纳斯湖入水口

◤喀纳斯湖月亮湾秋景

◤喀什河

◤巩乃斯河

◤夏塔古道河谷湿地

青格里河

◤塔里木河

塔里木河
（中国最长的内陆河）

塔里木河全长约 2179 km，在世界内陆河中位列第五，发源于新疆南部的天山、昆仑山，汇集了九大水系 144 条河流，形如“九叉鹿角”。历史上的塔里木河是一条洪水四溢、时令湖泊众多、天然林草茂盛的沙漠“自然游荡型”河流，维吾尔语意为“无缰之马”。

20 世纪五六十年代，塔里木河上游大规模农垦、兴修水利工程等无序开发，造成塔里木河下游河道断流，罗布泊彻底干涸。自 2001 年塔里木河流域生态治理工程实施后，结束了塔里木河下游断流近 30 年的历史，干涸的台特玛湖得到恢复，下游绿色走廊的自然环境得到了改善。

◤塔里木河胡杨林

◤塔里木河源头

◤塔里木河湿地

◤沙漠中的塔里木河

伊犁河
（新疆径流量最大的内陆河）

伊犁河是跨越中国和哈萨克斯坦的国际河流，全长约 1236 km，中国境内河长 442 km，位于天山北支婆罗科努山与南支哈尔克山之间——中国天山水资源最丰富的山段，上游有 3 条源流，即特克斯河、巩乃斯河和喀什河。主源特克斯河发源于哈萨克斯坦境内的汗腾格里主峰北坡，由西向东流，进入中国，穿过喀德明山脉，与东来的巩乃斯河在巩留、新源、尼勒克三县交界处汇合后始称伊犁河，西流至国境汇入霍尔果斯河，进入哈萨克斯坦，最后注入巴尔喀什湖。

伊犁河支流——巩乃斯河

伊犁河

伊犁河谷

额尔齐斯河
（中国唯一注入北冰洋水系的外流河）

额尔齐斯河是新疆第三大河流，也是流经中国、哈萨克斯坦、俄罗斯的国际河流，全长约 4248 km，中国境内河长 546 km。额尔齐斯河发源于中国新疆富蕴县阿尔泰山南坡，沿阿尔泰山南麓向西北流，在哈巴河县以西进入哈萨克斯坦，出境后注入斋桑湖（现为布赫塔尔玛水库），之后继续西北穿行于哈萨克斯坦东北部。进入俄罗斯后，流过鄂木斯克、托博尔斯克，在汉特曼西斯克附近汇入鄂毕河，向北最终流入北冰洋。

额尔齐斯河

◤额尔齐斯河中哈边境流冰封河

◤额尔齐斯河晚霞

开都河冬景

开都河

开都河流域包括和静、和硕、焉耆、博湖等县，全长约 610 km，流域面积 2.2 万 km^2，总落差 1750 m，多年平均径流量 33.62 亿 m^3。开都河流域的地形是西北高、东南低，由西北向东南倾斜，整个流域大致可以分为三个不同类型。上游段在草原牧区“转悠”了 200 多 km，之后穿越峡谷。中游峡谷段全长约 164 km，水流湍急。焉耆平原段出山口以下为下游段，水势平缓，穿过焉耆平原，注入博斯腾湖，此段长 126 km。

开都河的源头在海拔 4000 m 以上，属于雪冰融水和雨水混合补给的河流。在开都河年径流补给源中，积雪和冰川及地下水补给占有相当大的比例。开都河的源头云雾缭绕，特别是盛夏，云涯水暖，云水难辨，河水仿佛从天而降。独特的河流地理结构，在此营造出了新疆面积最大的湿地，湿地中就有著名的天鹅湖。天鹅湖东西长 30 多 km，南北宽 10 多 km，面积 3000 多 km^2，四周为冰山雪峰所环抱，是天鹅及各种禽鸟理想的栖息之地。

◤开都河

◤开都河源头——巴音布鲁克

◤巴音布鲁克秋景

三、湖泊

在大多数人的眼中，新疆远离海洋、深居内陆，是一个干旱少水的地区。然而，这是一片神奇的土地，苍茫干旱的新疆其实湖泊众多，那些湖泊犹如星星般点缀在大地上，数量远远超乎我们的想象。

卧龙湖秋色

巴音布鲁克天鹅湖

新疆水面面积大于 1 km^2 的湖泊有 197 个，湖泊总面积为 12 414 km^2，占全国湖泊总面积的 13.2%，仅次于西藏、青海和江苏。新疆湖泊成因复杂，分布十分广泛，天山南北有构造湖、冰川湖、堰塞湖、风蚀湖、河成湖等；既有盆地式湖泊，也有堰塞式湖泊，以盆地式湖泊为主；既有外流湖，也有内陆湖，以内陆湖居多。多数湖泊系河川尾闾盆地低洼处的闭口湖泊，长期的盐分积累导致湖泊多为咸水湖和盐湖。这些湖泊星罗棋布，分布在高山、盆地、森林、草原、沙漠中。

◤巴音布鲁克

◤台特玛湖

新疆湖泊在分布高度上也相差悬殊，昆仑山上的许多湖泊，海拔高度都在 4 km 以上，和田县境内的阿克萨依湖海拔高达 4963 m，有“悬湖”之称，而吐鲁番地区的艾丁湖水面高程为 -154.31 m，是我国陆地的最低点，也是仅次于约旦死海的世界第二低地。

新疆著名的湖泊有喀纳斯湖、天池、赛里木湖、博斯腾湖、艾丁湖等。在过去的 50 多年间，新疆湖泊总面积锐减了一半之多，罗布泊等著名的湖泊早在 20 世纪 70 年代开始就已相继干涸。

尉犁沙湖

喀纳斯湖

喀纳斯湖位于布尔津县境内的喀纳斯河上，为淡水吞吐湖泊，东北距阿尔泰山主峰友谊峰约 56 km。喀纳斯湖系强烈的构造断陷和第四纪冰期时代的冰川堰塞湖，形成时间距今已有 15 000 年。湖面南北长 24.5 km，宽 1.0~2.2 km，平均水深 120.1 m，最深处达 188.4 m，容积 53.78 亿 m^3，面积 45.73 km^2，是我国深水湖之一。

喀纳斯湖

喀纳斯湖可以用一山、二湖、三湾来概述。一山是海拔 4374 m 的友谊峰。二湖是指喀纳斯湖和白湖，白湖位于友谊峰脚下，水呈乳白色，由于交通不便，至今人迹罕至。三湾指卧龙湾、月亮湾、神仙湾。因景色秀丽独特，喀纳斯被誉为“人间仙境、神的花园”，现列为国家 5A 级旅游景区、国家地质公园、国家森林公园、中国自然保护区、国家自然遗产、全国低碳旅游实验区等，被誉为“中国最美湖泊”。

天池

天池

天池地处天山山脉东段博格达峰北麓半山腰，是一座200余万年以前在第四纪大冰川活动中形成的高山冰碛湖，其北岸的天然堤坝就是一条冰碛垅。天池位于三工河上游，距昌吉州阜康市南30 km。

天池为淡水吞吐湖，呈半月型；湖面海拔1943 m，南北长3000 m，东西宽平均1000 m，面积2.45 km^2，最深处102 m，总蓄水1.6亿m^3。湖滨南侧水源主要来自五条沟：大东沟、东南沟、马雅山沟、小东沟、冰沟，其中最大的主流为大东沟，湖泊集水面积168 km^2。天池四周群山环抱，东南面为海拔5445 m的博格达峰，与主峰两侧海拔分别为5287 m和5213 m的山峰构成了著名的“雪海三峰”。

天池冬景

天池夏景

赛里木湖

赛里木湖位于博乐市境内天山西段的高山盆地中，地理位置为东经 81° 00′ ~81° 22′，北纬 44° 30′ ~44° 43′。赛里木湖入湖水源主要为湖周坡地雨雪集水、湖面降水及地下水补给。湖泊西北、东北岸有源于察汗乌逊山的阿克巴依塔勒、克希阿克巴依塔勒、京依什克苏、查干郭勒和科克萨依以及源于汗孜格山南坡的奥依札依劳、京依什克苏等近 10 条溪沟汇入。湖东南有多个小岛，靠近南岸的一座最大。湖面海拔约 2074 m，水域面积 458 km^2，最大水深 92 m，储水量约 210 亿 m^3。赛里木湖为冷水湖，矿化度为 3 g/L 左右，属微咸湖。

赛里木湖风光

◤赛里木湖全景

◤赛里木湖

赛里木湖是新疆海拔最高、面积最大、风光秀丽的高山湖泊，又是大西洋暖湿气流最后眷顾的地方。2004 年 1 月，赛里木湖被列入第五批国家级风景名胜区。

博斯腾湖

中国最大的内陆淡水湖，又名巴喀刺赤海，位于巴音郭楞蒙古自治州天山南坡焉耆盆地东南、博湖县城东 14 km，属于山间陷落湖，主要补给水源是开都河，同时又是孔雀河的源头。博斯腾湖东西长 55 km，南北宽 25 km，总面积 1228 km^2，湖面海拔 1048 m，平均深度 9 m，最深处 17 m。博斯腾湖的湖体分为大湖区和小湖区两部分，大湖的面积近千平方千米，小湖的面积仅有百余平方千米。

博斯腾湖

博斯腾湖落日

湖区周围生长着广茂的芦苇，是中国重要的芦苇生产基地。博斯腾湖盛产各种淡水鱼，是新疆最大的渔业生产基地。博斯腾湖自然风光优美，2002 年被评为国家重点风景名胜区。

乌伦古湖

乌伦古湖

乌伦古湖又名布伦托海、福海，位于准噶尔盆地北部、福海县城西北，是第四纪晚期形成的凹陷湖，湖盆由断层陷落而形成。乌伦古湖由面积 165 km^2 的吉力湖（小海子）和面积 730 km^2 的大海子两个水域组成，湖水平均深度为 8 m。吉力湖整个东岸及河口两侧芦苇茂密，野鸭成群，海鸥飞翔，还有白天鹅、斑鹤等稀有珍禽，夏秋两季可谓“鸟类天堂”。大海子东岸是由细腻柔软的白色石英砂组成的沙滩，无淤泥。湖底坡降平缓，湖水清澈见底。湖水中还生长着十几种名贵鱼类。

乌伦古湖素以“戈壁大海”和鲜美“福海鱼”而著称。从克拉玛依市出发，沿公路去阿勒泰市，乌伦古湖是必经之地。乌伦古湖是新疆仅次于博斯腾湖的第二大渔业基地。进入冬季，乌伦古湖渔业生产便以其独具特色的冰上捕捞方式吸引众多游客观光游览，成为阿勒泰地区冰雪旅游的主打品牌。在乌伦古湖开阔的湖面上，渔民们用祖辈流传下来的冰钏凿冰开洞，把1000 m 的大拉网从冰下缓缓穿过，然后逐渐围拢，形成一个方圆达几千平方米的网阵。从下网到收网，整个拉网过程需要 5 个多小时。伴随着绞网机的隆隆声响，大拉网被牵引着徐徐露出水面，狗鱼、鲢鱼、鲤鱼、扁花鱼在网里翻腾跳跃，让参观的游客情不自禁欢呼尖叫。

卡拉库里湖

卡拉库里湖位于冰山之父——慕士塔格峰脚下。卡拉库里湖意为“黑海”，海拔 3600 m，湖深 30 m，总面积 10 余万 km^2，是一座高山冰蚀冰碛湖。卡拉库里湖距离喀什 191 km，中巴公路从湖畔经过，这里离攀登慕士塔格峰的大本营不远。该湖在群山环抱之中，水光潋滟，映衬着巍峨庄严又深沉神秘的慕士塔格峰，白雪皑皑，山水同色，景色十分迷人。湖畔的苏巴什草原水草丰美，常有柯尔克孜族牧民在此驻牧。遇到晴朗的天气，碧水倒映银峰，湖光山色浑为一体，景色如诗如画，使人沉醉迷恋。依湖建有旅游接待站，备有帐篷、蒙古包、游艇、骆驼、马等供游人之需。

卡拉库里湖

卡拉库里湖余晖

卡拉库里湖是世界上少有的高原湖泊，湖的四周有冰峰雪岭环抱，特别是周围的公格尔峰、公格尔九别峰和慕士塔格峰更为这个湖增添了神奇而美丽的色彩。在风平浪静的日子里，皑皑银峰、绿色草原和湖边畜群倒映在湖中，异常优美。每年夏秋季节，这里都是登山旅游者的大本营，也是旅客参观游览的场所。湖边有毡房、木板房可供旅游者下榻，岸边还有小橡皮船可供人们在湖中自由荡游，欣赏帕米尔高原的大好风光。

第四章　草原和草甸

◤新源杏花沟草原

翻过高山，穿过戈壁，在新疆浩瀚的大漠中，一片片绿色的草地尤如一颗颗镶嵌在黄绸缎上的翡翠，格外耀眼。

草地是新疆最大的植被类型，也是新疆自然资源陆地生态系统的主体。新疆从北到南，从高山到河谷，从绿洲到戈壁，可以看到各种类型草地的身影。据统计，全国 18 个草地大类中，新疆就有 11 个，堪称全国之冠。高山、盆地、平原、绿洲、戈壁、沙漠，特定的地理位置与地貌条件，使新疆不同地方的水热条件千变万化，从而造就了丰富多彩的草地生态环境与草地资源类型。

一、新疆草原和草甸概况

地广物博的新疆，各类草地资源极其丰富，并且具有一定的特殊性。新疆草地资源是在内陆温带、暖温带荒漠区和独特的山盆结构地貌区两大背景下发育而成的，既有荒漠生态脆性又有山地生态多样性双重属性影响，形成了天然草地分布广、面积大、类型多样的特征，是生物多样性最集中的地区，被誉为生物自然种质资源库。

巴音布鲁克

◤昭苏大草原

新疆的草地牧草种类极为丰富，优良牧草非常多，目前世界上公认的优良牧草新疆几乎都有，如羊茅、梯牧草、鸭茅、紫花苜蓿、黄花苜蓿、鹅冠草等，在新疆的天然草地上均有较大面积分布。依托宝贵的草地资源，新疆成为全国畜牧业生产基地和五大牧区之一，畜牧业已成为新疆农牧民增收的重要途径。

草地还为新疆旅游业发展提供了得天独厚的条件，那拉提草原、巴音布鲁克草原、喀拉峻草原、江布拉克草原、昭苏大草原、巴里坤大草原等都是著名的旅游胜地，每年吸引了大量游客。

巴里坤大草原群鸟集翔

伊犁谷地

二、草原

草原约占新疆土地面积的 10%。发育较好的草原植被多分布于北疆各山地，准噶尔西部山地为山地植被垂直结构中的一个重要组成部分；而天山南坡除了几个开阔的山间盆地草原发育较好外，其他草原植被则有所退化，大多呈带状；昆仑山和阿尔金山更为干旱，草原更为退化，仅呈片状的断续分布。

鲜花盛开的喀拉峻草原

新疆山地北坡森林—草甸带以下，自下而上有荒漠草原、真草原、草甸草原，森林带以上的亚高山和高山部分，仅在局部出现寒生草原。在山地阳坡，荒漠草原上升更高，真草原也发生旱化。气候极为严酷的昆仑山，草原被迫上升到亚高山和高山带中较为适宜的地段，表现为强烈旱化的寒生草原。

巴音布鲁克草原上的羊群

◤喀拉峻草原

真草原在新疆山地占有的面积相当大，主要分布于天山分水岭以北的各山地，呈或宽或窄的带状。新疆真草原的优势种组成并不丰富，真旱生禾草主要是针茅、沟叶羊茅、冰草和糙隐子草，真旱生的小半灌木有冷蒿、星毛委陵菜等。

草甸草原是草原中最喜湿的类型。草甸草原的优势植物中，禾草有沟叶羊茅、针茅、窄颖赖草、异燕麦等，杂类草有山地糙苏、羽衣草、蓬子菜等。草甸草原主要分布于天山分水岭以北的各山地。一般处于真草原带和山地针叶林带之间，或真草原和山地草甸带之间，有时和森林交错分布，但不形成连续的带。

特克斯阿克塔斯草原

特克斯阿克塔斯草原上的马群

◤那拉提河谷草原

寒生草原是草原中最耐寒的一个类型，在新疆广布于各山地的亚高山带和高山带。在天山南坡和昆仑山的西部，构成宽阔的寒生草原带，而在天山分水岭以北较湿润的各山地和干旱的阿尔金山，分布面积都较小。群落优势种有低山早熟禾、寒生羊茅、紫花针茅、座花针茅、西山羊茅，伴生种有多种嵩草、薹草、黄花茅、穗三毛、高山早熟禾，高山、亚高山杂类草有高山唐松草、羽衣草、珠芽蓼、虎耳草的一些种类。

那拉提草原的雪山和草地

◤那拉提草原牧场

◤人体草原（霍城）

荒漠草原在新疆各山地均有分布，是草原中分布最广的类型，一般处于山地草原的下部。建群和优势植物分别为丛生禾草和小半灌木。

◤荒漠草原

三、草甸

新疆的草甸是指由多年生中生草本植物群落组成的植物覆被，分布于各平原低地、河漫滩及山地，面积约 23.5 万 km^2，占新疆植被总面积的 9%，仅次于荒漠和草原，包括高山草甸、亚高山草甸、低地和河漫滩草甸等。

巴音布鲁克草原牧场

巴音布鲁克 1

高山草甸为耐寒的多年生中生草本植物覆被，普遍分布于各高山带及冰雪带的下部。高山真草甸中杂类草草甸（高山五花草甸）主要分布于阿尔泰山中、西部海拔 2400~2600 m 以上，在天山只以小面积分布于海拔 3000 m 以上的高山带内。阿尔泰山的高山五花草甸由具有大而鲜艳花朵的高山杂类草组成，天山的高山五花草甸多为小而鲜艳花朵的杂类草。高山薹草草甸出现于山地阴坡或在冰川形成的谷底，多种薹草形成低矮而密集的层片。地面为苔藓层片，主要由桧叶金发藓等形成。高山杂类草—薹草草甸多见于天山高山山坡较凹处。高山草原化草甸见于高山薹草草甸之上，呈小面积出现于冰碛物或河谷阶地上，建群种为黑穗薹草、暗褐薹草，群落中经常见到珠芽蓼形成从属层片。

巴音布鲁克2

◤巴音布鲁克 3

◤巴音布鲁克 4

新疆的亚高山草甸主要是由中生禾草和杂类草组成的植物群落，分为亚高山禾草草甸和亚高山草原化草甸。亚高山禾草草甸只见于阿尔泰山中部和近东南部平缓的山坡或分水岭上，建群种为黄花茅、阿尔泰早熟禾、紫羊茅，伴生植物多高山、亚高山的杂类草和以桧叶金发藓为主的苔藓植物。亚高山草原化草甸是由多年生中生草本和大量多年生草原旱生草本组成的群落，见于较干旱的阿拉套山南坡、巴尔鲁克山、赛里木湖周围的山地。

塔什库尔干

低地、河漫滩草甸是分布于荒漠平原的低地、低山谷地及河漫滩的草甸植物群落，与地下水或河流定期泛滥有密切联系，分为真草甸、盐化草甸及沼泽草甸，植物所需的水分来源主要依赖于地下水。组成植物群落的是不同高度的中生及旱中生的禾草及杂类草，随着土壤的普遍盐渍化，这些植物多有不同程度的耐盐性，以致盐化草甸非常发达。在地下水位接近地表的地段，则发生沼泽化。低地、河漫滩真草甸主要分布于北疆大河流河漫滩及低山谷地。

昭苏湿地上的马群

◤昭苏湿地

低地、河漫滩盐化草甸在新疆分布相当普遍且发达，特别是在南疆平原地区，占据一些大河流三角洲、河旁阶地、河间及扇缘低地和湖滨周围底土经常湿润的地段。低地、河漫滩沼泽草甸是草甸和沼泽植被的过渡类型，由中生和湿生的多年生草本植物所组成，在新疆分布的面积不大，散见于洪积扇缘泉水溢出带、被洪水长期浸淹的河漫滩及泛滥平原、老河床及湖滨沼泽的周围。

塔什库尔干石头城湿地

第五章　荒漠

◤塔克拉玛干沙漠

荒漠是气候干旱、地表组成物质粗瘠且植被稀疏的自然地带，只有少量耐旱动物，终年少雨或无雨。

荒漠年降水量一般少于 250 mm，降水为阵性，愈向荒漠中心愈少。分布在荒漠中的植物多为旱生植物，耐旱耐盐，器官发生形态变化，以适应干旱生境。

一、新疆荒漠概况

新疆的荒漠按海拔高度及气候特点，分为干旱荒漠和高寒荒漠。根据地面物质组成，又分为岩漠、砾漠、泥漠、土漠、盐漠和沙漠。沙漠是新疆面积最大的荒漠类型。新疆三分之二以上的县（市）都有沙漠。

沙漠地表干燥裸露，植被稀疏，沙粒易被吹扬，风沙活动频繁，沙尘天气多发。塔克拉玛干沙漠是新疆最大的沙漠，古尔班通特沙漠是第二大沙漠，两个沙漠分别位于天山南北。

一望无际、毫无生机的砾漠

◤克拉玛依盐穗木猪毛菜荒漠

◤准噶尔盆地的无叶假木贼荒漠

◤石质荒漠

◤锦鸡儿—木碱蓬荒漠

◤公格尔九别峰的高寒荒漠

二、沙漠

沙漠是指地面完全被沙所覆盖、植物稀疏、雨水稀少、空气干燥的荒芜地区，是新疆面积最大的荒漠类型，总面积达 42.69 万 km^2，占中国沙漠面积的 60%。

我国著名的八大沙漠分别是：塔克拉玛干沙漠、古尔班通古特沙漠（准噶尔盆地沙漠）、巴丹吉林沙漠、腾格里沙漠、库木塔格沙漠、柴达木盆地沙漠、库布齐沙漠、乌兰布和沙漠。

新疆的沙漠不仅是自然的奇迹，也是旅游和探险的热门目的地，如塔克拉玛干沙漠、古尔班通古特沙漠、罗布泊南库木塔格沙漠、乌苏沙漠、库木库里沙漠、鄯善库木塔格沙漠、图开沙漠等。

广袤的沙漠

◤固定沙包

沙漠的组成物质以细砂为主，按沙丘的活动程度来分，可分成固定沙丘、半固定沙丘和流动沙丘三类。固定和半固定沙丘分布在沙漠边缘和外围，流动沙丘分布在腹地。在塔里木盆地，流动沙丘是沙漠的主要类型，占沙漠面积的 85%。除了固定和半固定沙丘植被覆盖度比较高外，流动沙丘区域几乎没有植被。

沙漠地表起伏不平，类型多样，有新月形沙丘、新月形沙丘链、新月形沙垅、复合型纵向沙垅、复合型横向沙垅、穹状沙垅、鱼鳞状沙丘、金字塔沙丘等各种形态的沙丘。

荒漠中的胡杨枯木

塔克拉玛干沙漠位于塔里木盆地，面积达 28.65 万 km^2，是中国最大的沙漠，沙丘分布面积达 85%，多为流动沙丘。沙漠边缘冲积扇上分布有琵琶柴、白刺和麻黄组成的灌木丛，淤积平原上分布有柽柳灌丛和盐土植物，河谷平原分布有胡杨、柽柳、骆驼刺、花花柴和罗布麻等耐盐抗旱的植物构成的荒漠河岸林。

塔克拉玛干沙漠

◤塔里木河胡杨林

◤库木塔格沙漠

◤塔克拉玛干浩瀚无垠的沙漠

◤古尔班通古特沙漠

古尔班通古特沙漠位于准噶尔盆地，面积 4.88 万 km^2，是中国最大的固定和半固定沙丘，占整个沙漠总面积的 97%。沙漠边缘冲积扇上分布有琵琶柴、假木贼和蒿属植物组成的荒漠植被，沙漠内部则分布着白梭梭、梭梭、沙拐枣、麻黄和驼绒藜等为建群种的荒漠植被。局部洼地地下水位较高的盐土中，则生长着盐穗木、盐节木、碱蓬、盐爪爪等多汁的木本盐生植物。该沙漠地表还广泛分布着由蓝细菌、藻类、地衣和藓类植物形成的生物土壤结皮，对维持沙面稳定和荒漠生态系统功能具有重要作用。

◤荒凉沙漠一点绿

◤治理流沙的草方格

三、其他荒漠

戈壁

戈壁泛指地势起伏平缓，表面覆满砾石，缺少水和植被的一种荒漠。经风力作用，沉积物中的细粒沙和粉尘被吹走（形成沙漠和黄土），留下砾石成片覆盖于地面，形成戈壁，因此风力、流水冲蚀和风化共同作用是戈壁形成的动力条件。

根据综合成因、结构、分布位置和颜色特征，戈壁可分为剥蚀残积戈壁（黑戈壁、假戈壁、伏土戈壁）和冲积—洪积戈壁（白戈壁、真戈壁）。中国戈壁总面积 56.95 万 km^2，占国土面积的 13.36%，其中新疆分布的戈壁总面积约 30.54 万 km^2。

准噶尔盆地砾质戈壁荒漠

◤吐鲁番盆地山前冲积平原区地表覆盖碎石的戈壁

◤昌吉州卡拉麦里山保护区西南部的黑戈壁

◤木垒北部地区平原盐碱土－砾石戈壁

◤泥漠

泥漠

泥漠多位于洪水或雨雪水汇集的低洼地，细土沉积通透性极差，植物很难生长。

◤土漠

土漠

土漠多位于冲积—洪积平原，土壤黏质通透性差，弱盐碱化，植被稀疏。

盐漠

盐漠多位于盐湖干涸后的平原低洼区域，大量盐分沉积地表，植物极难生长。

◤盐湖边缘和低洼汇水区重度盐碱地上生长的耐盐植物

◤盐漠

色彩斑斓的准噶尔雅丹地貌——岩漠

岩漠

岩漠多位于陡峭的山峰中上部，土壤发育微弱且水土流失严重，植被稀疏。

◤岩漠

第六章　动物

兔狲

新疆地域辽阔，孕育了复杂多样而又独特的野生动物资源。

新疆由于从南到北、从东到西巨大的地理跨度，从海拔 -154 m 至海拔 8611 m 的极限海拔高差，加之天山、阿尔泰山和昆仑山等山地的干旱区湿岛垂直气候带作用，造就了高原山盆、戈壁沙漠、河湖湿地、森林草原和荒漠绿洲等多种多样的生态系统，孕育了复杂多样而又独特的野生动物资源。新疆共有脊椎动物约 770 余种，占全国脊椎动物种数的 17.8%。其中鱼类 92 种，两栖类 10 种，爬行类 50 种，鸟类 470 余种，哺乳类 148 种。脊椎动物中鸟类和哺乳类种类最为丰富，分别占全国鸟类和哺乳类物种数的 34.0% 和 21.5%。新疆共有国家一级重点保护野生动物 45 种，国家二级 133 种；新疆一级重点保护野生动物 18 种，新疆二级 38 种。

一、新疆动物概况

野生动物的分布与生态地理景观相适应，从而构成了不同的生态地理动物类群。

新疆大致有 6 类生态地理动物类群：

（1）寒温带针叶林动物类群分布于阿尔泰山，该区冬季漫长而严寒。代表性动物有胎生蜥蜴、极北蝰、松鸡、岩雷鸟、阿尔泰雪鸡、紫貂、驼鹿、雪兔、松鼠等。

（2）温带荒漠动物类群分布于准噶尔荒漠与塔克拉玛干沙漠。代表性动物有沙蜥类、百灵、地鸦、沙狐、沙鼠、跳鼠、塔里木兔、普氏野马、蒙古野驴、鹅喉羚、野骆驼等。

雪豹

◤乌伦古湖中的鸟群

（3）温带山地森林草原类群分布于天山山脉。代表性动物有草原蝰、大鸨、草原雕、鸫、林莺、山雀、狼、棕熊、野猪、马鹿、黄鼠、盘羊、北山羊等。

（4）高原寒漠动物群分布于阿尔金山、昆仑—喀喇昆仑山、羌塘高原和帕米尔高原。代表性动物有斑头雁、黑颈鹤、雪豹、藏野驴、野牦牛、藏羚、岩羊、鼠兔、旱獭等。

◤鸟浪

鸭群

（5）河湖湿地动物类群分布于河流、湖泊、沼泽和湿地。代表性动物有各种鱼类、蟾蜍、游蛇、鸬鹚、鹭、雁鸭、䴙䴘、鸥、水獭、河狸、麝鼠等。

（6）农田绿洲动物类群分布于农田、果园和居民区。代表性动物有环颈雉、杜鹃、斑鸠、戴胜、乌鸦、鹡鸰、家燕、麻雀、大耳猬、褐家鼠、赤狐等。

二、两栖和爬行类

新疆两栖动物多样性相对较低，但特有种类较多，比如新疆北鲵、中亚侧褶蛙以及塔里木蟾蜍等，在中国只分布在新疆。近年在新疆还发现了牛蛙、花背蟾蜍以及黑斑侧褶蛙，这些物种由于各种原因侵入新疆并定居繁殖，形成稳定的种群，被称为外来入侵物种。

新疆爬行动物种类比较丰富，以有鳞目壁虎科、鬣蜥科和蜥蜴科为主。新疆很多爬行动物都非常耐旱，即使在沙漠腹地也能生存。四爪陆龟是国家一级重点保护物种。新疆的爬行动物中特有种较多，例如吐鲁番沙虎、奇台沙蜥、南疆沙蜥和白条沙蜥等，全球仅在新疆有分布。

草原蜥

四爪陆龟

Testudo horsfieldii

陆龟科 Testudinidae

陆龟属 *Testudo*

分布于霍城县，栖息于荒漠草原，以植物为食，数量稀少。

吐鲁番沙虎

Teratoscincus roborowskii

球趾虎科 Sphaerodactylidae

沙虎属 *Teratoscincus*

吐鲁番盆地特有种，以各种昆虫和刺山柑果实为食。

新疆沙虎

Teratoscincus przewalskii

壁虎科 Gekkonidae

沙虎属 *Teratoscincus*

夜间活跃，以各种昆虫为食，视力发达。

草原蜥

Trapelus sanguinolenta

鬣蜥科 Agamidae

草原蜥属 *Trapelus*

生存于荒漠草原与荒漠，以小型昆虫及其幼虫为食。

捷蜥蜴

Lacerta agilis

蜥蜴科 Lacertidae

蜥蜴属 *Lacerta*

常见于灌丛、谷地，捕食各种昆虫，图中为雄性。

奇台沙蜥

Phrynocephalus grumgrzimailoi

鬣蜥科 Agamidae

沙蜥属 *Phrynocephalus*

广布于准噶尔荒漠，常站停撑起前躯卷尾摆尾。

快步麻蜥

Eremias velox

蜥蜴科 Lacertidae

麻蜥属 *Eremias*

小型蜥蜴，行动敏捷，常见于沙漠灌草丛中。

东方沙蟒

Eryx tataricus

蟒科 Boidae

沙蟒属 *Eryx*

主要栖息于沙地，潜伏于流沙中，伏击蜥蜴和小型鼠类。

花条蛇

Psammophis lineolatus

鳗形蛇科 Colubridae

花条蛇属 *Psammophis*

爬行敏捷，攻击性强，微毒。

极北蝰

Vipera berus

蝰科 Viperidae

蝰属 *Vipera*

分布于高纬度森林草原区，危险的毒蛇，攻击性强。

中介蝮

Gloydius intermedius

蝰科 Viperidae

亚洲蝮属 *Gloydius*

毒蛇，栖息于中低海拔的低山石隙或灌丛，主要以鼠类和蜥蜴为食。

塔里木蟾蜍

Bufotes pewzowi

蟾蜍科 Bufonidae

漠蟾蜍属 *Bufotes*

广泛分布于塔里木盆地，耐盐碱和干旱环境。

中亚侧褶蛙

Pelophylax terentievi

蛙科 Ranidae

侧褶蛙属 *Pelophylax*

分布于伊犁州与博州的沼泽、河滩以及农田、草地等静水环境内。

新疆北鲵

Ranodon sibiricus

小鲵科 Hynobiidae

北鲵属 *Ranodon*

分布于温泉县，栖息于山地泉水小溪中，数量稀少。

三、鸟类

新疆共有鸟类 470 余种，占中国鸟类种数的 34%，有 67 种国家重点保护珍稀濒危鸟类，其中国家一级重点保护 14 种，国家二级重点保护 53 种。

荒漠鸟类、森林草原鸟类和湿地鸟类是新疆鸟类的重要组成部分。荒漠中常见漠鵰、穗鵰、短趾百灵、角百灵，毛脚鵟、棕尾鵟、红隼、沙鸡等；森林草原中的代表性鸟类有黑耳鸢、粉红椋鸟、星鸦、多种山雀、啄木鸟、莺、鸫、云雀等；湿地中的鸟类有大天鹅、蓑羽鹤、灰雁、赤麻鸭、黑翅长脚鹬、凤头麦鸡、骨顶鸡、多种鸥。

金雕

暗腹雪鸡

Tetraogallus himalayensis

雉科 Phasianidae

雪鸡属 *Tetraogallus*

分布于天山高海拔区域，以植物种子为食，善攀爬、疾走、滑翔。

花尾榛鸡

Tetrastes bonasia

雉科 Phasianidae

榛鸡属 *Tetrastes*

分布于阿尔泰山北部，喜活动于桦树林中。

环颈雉

Phasianus colchicus

雉科 Phasianidae

雉属 *Phasianus*

俗称山鸡、野鸡，常见于农田和绿化带内。

柳雷鸟

Lagopus lagopus

雉科 Phasianidae

雷鸟属 *Lagopus*

典型的寒带鸟类，生活在冻原地带、冻原灌丛森林和多岩石的草甸地带。

松鸡

Tetrao urogallus

雉科 Phasianidae

松鸡属 *Tetrao*

身形矮壮，尾能如火鸡般竖起成扇形，栖息于海拔 3200~4400 m 的针叶林。

岩雷鸟

Lagopus muta

雉科 Phasianidae

雷鸟属 *Lagopus*

栖息于高山针叶林、雪线以下的矮桦灌丛、小半灌木荒漠草原。冬季羽毛白色。

斑头秋沙鸭

Mergellus albellus

鸭科 Anatidae

秋沙鸭属 *Mergellus*

栖息于小池塘及河流，在树洞中繁殖。

赤麻鸭

Tadorna ferruginea

鸭科 Anatidae

麻鸭属 *Tadorna*

羽毛橙栗色，耐寒，可分布到海拔 4600 m，多见于湖泊、河流。

大天鹅

Cygnus cygnus

鸭科 Anatidae

天鹅属 *Cygnus*

繁殖于湖泊、沼泽中的水草地。

豆雁

Anser fabalis

鸭科 Anatidae

雁属 *Anser*

体型较大，羽毛灰色，成群活动于沼泽地带。

灰雁

Anser anser

鸭科 Anatidae

雁属 *Anser*

羽毛灰褐色，嘴与脚粉红色，栖息于草原、沼泽与湖泊。

斑尾林鸽

Columba palumbus

鸠鸽科 Columbidae

鸽属 *Columba*

常在农耕地结群觅食。

黑腹沙鸡

Pterocles orientalis

沙鸡科 Pteroclididae

沙鸡属 *Pterocles*

多栖息于干旱荒漠和荒漠草原。

欧夜鹰

Caprimulgus europaeus

夜鹰科 Caprimulgidae

夜鹰属 *Caprimulgus*

能在空中飞行时追捕蛾类等飞虫。

黑颈鹤

Grus nigricollis

鹤科 Gruidae

鹤属 *Grus*

分布于昆仑山高海拔区域，栖息于高原沼泽草甸，舞姿优美。

蓑羽鹤

Anthropoides virgo

鹤科 Gruidae

蓑羽鹤属 *Anthropoides*

多栖息于开阔的草原和荒漠，也在沼泽、苇塘、湖泊湿地觅食。

长脚秧鸡

Crex crex

秧鸡科 Rallidae
长脚秧鸡属 *Crex*

善于藏匿，常在河岸、湖边的高草丛和灌丛中活动，食性杂。

彩鹮

Plegadis falcinellus

鹮科 Threskiornithidae
彩鹮属 *Plegadis*

上体具绿色和紫色光泽，结小群栖息于沼泽、稻田和水漫草地。

白鹈鹕

Pelecanus onocrotalus

鹈鹕科 Pelecanidae

鹈鹕属 *Pelecanus*

大型水禽，嘴宽大，下嘴衍生出能扩缩的巨大皮肤喉囊，便于捕鱼。

石鸻

Burhinus oedicnemus

石鸻科 Burhinidae

石鸻属 *Burhinus*

栖息于砾石和沙质荒地，羽毛沙土棕黄色，擅长快速奔走。

小嘴鸻

Charadrius morinellus

鸻科 Charadriidae
鸻属 *Charadrius*

栖息于荒芜山顶和苔原冻土带。

斑胸滨鹬

Calidris melanotos

鹬科 Scolopacidae
滨鹬属 *Calidris*

取食于湿润草甸、沼泽地和池塘旁。

红脚鹬

Tringa totanus

鹬科 Scolopacidae

鹬属 *Tringa*

常结小群活动于泥岸、河滩和沼泽。

短耳鸮

Asio flammeus

鸱鸮科 Strigidae

耳鸮属 *Asio*

短小的耳羽簇几乎不可见，喜欢有草的开阔地。

鬼鸮

Aegolius funereus

鸱鸮科 Strigidae

鬼鸮属 *Aegolius*

体型小，营巢于树洞中。

长尾林鸮

Strix uralensis

鸱鸮科 Strigidae

林鸮属 *Strix*

多见于针叶林中，夜晚活跃。

白尾海雕

Haliaeetus albicilla

鹰科 Accipitridae

海鵰属 *Haliaeetus*

嘴黄尾白，多栖息于河流、湖泊周围。

金雕

Aquila chrysaetos

鹰科 Accipitridae

鵰属 *Aquila*

大型猛禽，性情凶猛，通常猎食野兔、旱獭和雉类。

玉带海雕

Haliaeetus leucoryphus

鹰科 Accipitridae

海鵰属 *Haliaeetus*

大型猛禽，多见于河湖沼泽高原水域，俯冲捕食接近水面的鱼类。图中为亚成体。

草原雕

Aquila nipalensis

鹰科 Accipitridae

鹏属 *Aquila*

繁殖于阿尔泰山，常见于干旱草原。

高山兀鹫

Gyps himalayensis

鹰科 Accipitridae

兀鹫属 *Gyps*

大型猛禽，以各种家畜和野生动物腐尸为食。

胡兀鹫

Gypaetus barbatus

鹰科 Accipitridae

胡兀鹫属 *Gypaetus*

大型猛禽，以各种家畜和野生动物尸体中的骨骼为食。

秃鹫

Aegypius monachus

鹰科 Accipitridae

秃鹫属 *Aegypius*

大型猛禽，以各种家畜和野生动物腐尸为食，自然界的“清洁工”。

白尾鹞

Circus cyaneus

鹰科 Accipitridae

鹞属 *Circus*

常于开阔的原野、草地和农耕地活动。

棕尾鵟

Buteo rufinus

鹰科 Accipitridae

鵟属 *Buteo*

荒漠中常见的猛禽，以各种鼠类和蜥蜴为食。

蓝颊蜂虎

Merops persicus

蜂虎科 Meropidae

蜂虎属 *Merops*

以各种蜂蝇类昆虫为食。

蓝胸佛法僧

Coracias garrulus

佛法僧科 Coraciidae

佛法僧属 *Coracias*

羽毛呈现蓝色金属光泽，栖息于低山河平原区，以多种昆虫为食。

普通翠鸟

Alcedo atthis

翠鸟科 Alcedinidae

翠鸟属 *Alcedo*

羽毛亮蓝色搭配浅棕色，常立于河溪边的枝头，快速跃入水中捕鱼。

猎隼

Falco cherrug

隼科 Falconidae

隼属 *Falco*

中小型猛禽，飞行速度极快，主要以各种中小型鸟类为食。

白翅啄木鸟

Dendrocopos leucopterus

啄木鸟科 Picidae

啄木鸟属 *Dendrocopos*

常见于海拔 2000 m 以下的低山、丘陵、平原、河流等地的阔叶林中。

金黄鹂

Oriolus oriolus

黄鹂科 Oriolidae

黄鹂属 *Oriolus*

羽毛黄黑两色，色彩艳丽，鸣叫声悦耳动听。

黑额伯劳

Lanius minor

伯劳科 Laniidae

伯劳属 *Lanius*

栖息于稀树平原和灌丛草地，食昆虫，也捕食小鸟和鼠类。

白尾地鸦

Podoces biddolphi

鸦科 Corvidae

地鸦属 *Podoces*

全球仅分布于塔克拉玛干沙漠，擅长在沙地快速奔走。

黄嘴山鸦

Pyrrhocorax graculus

鸦科 Corvidae

山鸦属 *Pyrrhocorax*

通体黑色，嘴黄白色，脚红色，结群栖息于高海拔山区。

棕枕山雀

Periparus rufonuchalis

山雀科 Paridae
山雀属 *Periparus*

栖息于海拔 3000 m 以上的森林中，能用石块砸开坚果。

灰白喉林莺

Curruca communis

莺鹛科 Sylviidae
林莺属 *Curruca*

性机警，通常隐蔽于矮树丛和高大灌丛。

粉红椋鸟

Sturnus roseus

椋鸟科 Sturnidae

椋鸟属 *Sturnus*

多分布于山地草原，集群活动，能大量捕食蝗虫。

家八哥

Acridotheres tristis

椋鸟科 Sturnidae

八哥属 *Acridotheres*

结群在地面采食，喜欢城镇、田野、草地和花园。

黑胸歌鸲

Luscinia pectoralis

鹟科 Muscicapidae

歌鸲属 *Luscinia*

常栖息于亚高山带的灌丛中，鸣叫声响亮高亢，悦耳动听。

高原岩鹨

Prunella himalayana

岩鹨科 Prunellidae

岩鹨属 *Prunella*

鸣叫声颤抖甜美如银铃，结群活动于海拔 3500~5500 m 的多岩石高山草甸。

白斑翅雪雀

Montifringilla nivalis

雀科 Passeridae

雪雀属 *Montifringilla*

分布于高海拔的冰川及多岩山坡。

黄头鹡鸰

Motacilla citreola

鹡鸰科 Motacillidae

鹡鸰属 *Motacilla*

头部和下体羽毛艳黄色，喜栖息于沼泽草甸和柳树林。

黄胸鹀

Emberiza aureola

鹀科 Emberizidae

鹀属 *Emberiza*

曾被称为“禾花雀”，因可食用被大量捕捉，几乎灭绝，后得到有效保护。

白斑翅拟蜡嘴雀

Mycerobas carnipes

燕雀科 Fringillidae

拟蜡嘴属 *Mycerobas*

常见于海拔 2800~4600 m 的松树和杉树上，嗑食植物种子。

赤胸朱顶雀

Carduelis cannabina

燕雀科 Fringillidae

金翅属 *Carduelis*

鸣叫声悦耳轻柔多变，栖息于矮灌丛和开阔的岩石丘陵。

红腰朱雀（雄）

Carpodacus rhodochlamys

燕雀科 Fringillidae

朱雀属 *Carpodacus*

栖息于海拔 2700~4500 m 的林地和高山草甸。

金额丝雀

Serinus pusillus

燕雀科 Fringillidae

丝雀属 *Serinus*

栖息于海拔 2000~4500 m 有矮小灌丛的裸岩山坡。

大鸨

Otis tarda

鸨科 Otididae

大鸨属 *Otis*

体型大，栖息于草原、半荒漠和农耕地。

四、哺乳类

新疆是我国哺乳动物种类最丰富的省份之一，其中以有蹄类、啮齿类和食肉类等动物最具代表性。

新疆分布野生有蹄类动物 18 种，几乎均为国家一级和二级重点保护物种。从高原、山地到平原，从荒漠、草原到森林均可见到它们的身影。代表性动物有野骆驼、普氏野马、蒙古野驴、藏野驴、盘羊、北山羊、岩羊、野牦牛、藏羚、马鹿、驼鹿等。普氏野马是世界上现存的唯一野马，曾经广泛分布在新疆北部准噶尔盆地和蒙古国西南部干旱草原地带，因此又被称为准噶尔野马或蒙古野马。

啮齿类动物约占新疆哺乳动物种数的 50%，广泛分布于新疆的各个角落，以多种跳鼠、沙鼠、仓鼠、旱獭、黄鼠、田鼠、兔尾鼠、鼯等最具代表性。

食肉类动物也是新疆哺乳动物中种类较多的一个类群，包括狼、沙狐、赤狐、豺等犬科动物，紫貂、艾鼬、虎鼬、水獭和石貂等鼬科动物，以及雪豹、兔狲、荒漠猫和猞猁等猫科动物。

沙狐

大耳猬

Hemiechinus auritus

猬科 Erinaceidae

大耳猬属 *Hemiechinus*

夜间活动，主要以各种昆虫为食。

藏狐

Vulpes ferrilata

犬科 Canidae

狐属 *Vulpes*

分布于羌塘高原与昆仑山高海拔区域，面部两侧毛长直立，呈现“国”字脸，以鼠兔和鼠类为食。

赤狐

Vulpes vulpes

犬科 Canidae

狐属 *Vulpes*

体型较沙狐大，尾端呈白色。

狼

Canis lupus

犬科 Canidae

犬属 *Canis*

广泛分布于新疆各种生境中，有时危害家畜。

沙狐

Vulpes corsac

犬科 Canidae

狐属 *Vulpes*

体型较小，主要以鸟类和鼠类为食。

白鼬

Mustela erminea

鼬科 Mustelidae

鼬属 *Mustela*

行动迅速敏捷，以小型鼠类为食。

虎鼬

Vormela peregusna

鼬科 Mustelidae
虎鼬属 *Vormela*

小型食肉动物，敏捷凶猛，擅长捕食鼠类和小型鸟类。

香鼬

Mustela altaica

鼬科 Mustelidae
鼬属 *Mustela*

小型食肉动物，敏捷凶猛，擅长捕食鼠类。

紫貂

Martes zibellina

鼬科 Mustelidae

貂属 *Martes*

善于攀树，行动敏捷灵巧，捕食小型鼠类和鸟类。

猞猁

Lynx lynx

猫科 Felidae

猞猁属 *Lynx*

大型猫科动物，行动敏捷迅猛，捕食野兔、羚羊和狍鹿等。

兔狲

Felis manul

猫科 Felidae

猫属 *Felis*

小型猫科动物，性情凶猛，行动敏捷，以鼠类和鸟类为食。

野猫

Felis silvestris

猫科 Felidae

猫属 *Felis*

栖息于低海拔的各种生境中，主要捕食鼠类、鸟类和野兔。

雪豹

Uncia uncia

猫科 Felidae

雪豹属 *Uncia*

分布海拔最高的大型猫科动物，擅长攀爬悬崖峭壁，主要捕食北山羊、岩羊等。

藏野驴

Equus kiang

马科 Equidae

马属 *Equus*

广泛分布于青藏高原与昆仑山，擅于长途奔跑。

普氏野马

Equus ferus

马科 Equidae

马属 *Equus*

全球唯一现存的野马，主要分布于新疆卡拉麦里保护区。

蒙古野驴

Equus hemionus

马科 Equidae

马属 *Equus*

主要分布于新疆卡拉麦里保护区，结群，擅于长途奔跑。

野生双峰驼

Camelus ferus

骆驼科 Camelidae

骆驼属 *Camelus*

全球不足 1000 只，中国分布 800 只左右。

马鹿

Cervus elaphus

鹿科 Cervidae

鹿属 *Cervus*

广泛分布于阿尔泰山、天山和塔里木胡杨林。

马鹿

北山羊

Capra sibirica

牛科 Bovidae

山羊属 *Capra*

雄性生有巨大的镰刀状弯角，生存于高山峭壁，在悬崖乱石中奔跑如履平地。

北山羊

藏羚

Pantholops hodgsoni

牛科 Bovidae

藏羚属 *Pantholops*

青藏高原特有物种，雄性有一对长而直立的角，雌性具有集群长途迁徙产羔的习性。

鹅喉羚

Gazella subgutturosa

牛科 Bovidae

羚羊属 *Gazella*

分布于新疆荒漠戈壁，体型小巧，擅长高速奔跑与跳跃。

盘羊

Ovis ammon

牛科 Bovidae

盘羊属 *Ovis*

雄羊生有巨大螺旋状的角，生存于山地丘陵。

岩羊

Pseudois nayaur

牛科 Bovidae

岩羊属 *Pseudois*

分布于昆仑山和青藏高原，擅长攀爬陡峭悬崖。

野牦牛

Bos grunniens

牛科 Bovidae

牛属 *Bos*

分布于昆仑山和青藏高原，体重可达 1000 kg，性情凶猛，攻击性强。

蒙古兔

Lepus tolai

兔科 Leporidae

兔属 *Lepus*

广泛分布于新疆各地。

伊犁鼠兔

Ochotona iliensis

鼠兔科 Ochotonidae

鼠兔属 *Ochotona*

零星栖息于海拔 3000 m 以上的高山草甸草原带，在岩壁石缝间筑巢，种群数量稀少。

林睡鼠

Dryomys nitedula

睡鼠科 Myoxidae

林睡鼠属 *Dryomys*

多见于海拔 3000 m 以上的森林灌丛沟谷，以植物果实、种子、茎叶、嫩枝和芽为食。

北松鼠

Sciurus vulgaris

松鼠科 Sciuridae

松鼠属 *Sciurus*

分布于阿尔泰山和天山，采食松树和杉树的球果。

灰旱獭

Marmota baibacina

松鼠科 Sciuridae
旱獭属 *Marmota*

生存于高山亚高山草甸,体型大,擅长掘洞,以多种植物为食。

长尾旱獭

Marmota caudata

松鼠科 Sciuridae
旱獭属 *Marmota*

分布于高山草甸,擅长掘洞,常直立凝望警戒。

长尾黄鼠

Spermophilus undulatus

松鼠科 Sciuridae

黄鼠属 *Spermophilus*

生存于山地草原，以多种植物为食。

大沙鼠

Rhombomys opimus

鼠科 Muridae

大沙鼠属 *Rhombomys*

分布范围广，数量大，以梭梭等多种荒漠植物为食。

五趾跳鼠

Orientallactaga sibirica

跳鼠科 Dipodidae

东方五趾跳鼠属 *Orientallactaga*

夜行性动物，听觉发达，后腿长，擅长快速敏捷地跳跃。

长耳跳鼠

Euchoreutes naso

跳鼠科 Dipodidae

长耳跳鼠属 *Euchoreutes*

生有一对巨大的耳郭，听觉极为发达，可快速跳跃逃避天敌。

第七章　植物

◤喀拉峻草原植被

新疆是欧亚大陆各大植物区系交汇、过渡地带，植物区系复杂，具有大陆性旱生植被特点。

新疆的植物资源丰富，草场类型较多，但以半荒漠和荒漠类型的野生植物、草场分布面积最大。由于野生植物资源、区域性特征强，有多种植物在我国乃至世界仅分布于新疆。同时，新疆还有数量可观的古树名木、奇草异花，世界上很多名贵的花草种类都可以在新疆找到。

一、新疆植物概况

新疆共有野生维管植物 113 科 800 属 4109 种（含种下分类群，下同），其中石松类和蕨类植物 14 科 23 属 52 种，裸子植物 3 科 6 属 22 种，被子植物 96 科 771 属 4035 种。石松类和蕨类植物中物种数量前四的科为铁角蕨科 (9 种)、木贼科 (8 种)、鳞毛蕨科 (7 种) 和冷蕨科 (7 种)，最多的属是铁角蕨属 (*Asplenium*，9 种)；麻黄科 (11 种) 和麻黄属 (*Ephedra*，11 种) 分别是裸子植物中物种数最多的科和属；被子植物是新疆野生维管植物最主要的组成成分，分别占科、属、种总数的 85.0%、96.4% 和 98.2%，其中物种数最多的前 5 个科分别是菊科 (600 种)、豆科 (465 种)、禾本科 (423 种)、十字花科 (215 种) 和毛茛科 (181 种)，前 5 个属分别是黄芪属 (*Astragalus*，212 种)、棘豆属 (*Oxytropis*，101 种)、薹草属 (*Carex*，86 种)、蒿属 (*Artemisia*，65 种) 和葱属 (*Allium*，64 种)。新疆苔藓植物约有 471 种（含变种、亚种），地衣 710 余种。

天山博格达峰下的雪莲花

新疆种子植物区系的优势科几乎全为世界广布科和以温带分布为主的科。区系的表征科除世界广布的蓼科、石竹科和十字花科以外，大多还是温带成分，其中典型温带分布有柽柳科、罂粟科、蒺藜科、毛茛科，亚热带至温带分布有杨柳科，热带至温带分布有白花丹科、松科、麻黄科、蔷薇科等。

新疆是欧亚大陆各大植物区系交汇、过渡地带。准噶尔北部草原带是欧亚草原带的延续；天山南北的荒漠带是横贯北半球的亚非荒漠带的组成部分，属亚洲中部荒漠和中亚荒漠的过渡区；昆仑山的高寒草原带则是羌塘北部高寒草原带的延续。新疆种子植物区系地理成分以温带成分占优势，为总属数的 57.7%，古地中海成分也居重要的地位，占总属数的 32.6%，热带成分只占 6.7%，东亚成分占 3.8%。

卡拉库里湖畔的报春花

被《中国高等植物受威胁物种名录》（覃海宁等，2017）收录的受威胁物种共 95 种，属于 38 科 61 属。其中极危（CR）12 种，如柱筒枸杞、新疆阿魏、莎车柽柳、喀什红景天和灌木柳等；濒危（EN）31 种，包括阿尔泰铁角蕨、新疆郁金香、阜康阿魏、无叶沙拐枣以及和布克塞尔青兰等；易危（VU）52 种，包括阿克赛钦雪灵芝、天山软紫草、额河木蓼、赛里木湖郁金香和裕民贝母等。

依据最新的《国家重点保护野生植物（2021）》，二级保护植物有62种，属于20科27属，其中包括存疑物种水母雪兔子。

2023年12月29日，新疆维吾尔自治区人民政府公布《新疆维吾尔自治区重点保护野生植物名录》（新政发[2023]63号），共38科73属138种，自治区一级保护野生植物23科32属49种，二级保护野生植物31科48属89种，

新疆的植物资源丰富，经济植物按用途和应用方式分为16个大类52个小类，约1200种，约占新疆植物总数的1/3。16个大类分别为食用植物、药用植物、木材植物、纤维植物、燃料植物、染料植物、鞣料植物、防护和美化环境植物、有毒植物、造纸植物、油料植物、香料植物、胶脂植物、化工原料植物、饲料植物和蜜源植物。

◤赛里木湖边草地

◤阿勒泰森林草场

食用植物是可直接或间接供人类食用的植物资源，包括淀粉类、蛋白质类、食油类、水果类、维生素类等植物。新疆约有462种食用植物，淀粉、糖类植物有沙米、珠芽蓼、新疆菱角、锁阳等；蛋白质类植物主要为豆科的一些种类，如野豌豆、骆驼刺、香豌豆、黄花苜蓿等；维生物类植物有萹蓄、酸模、地肤、马齿苋、野薄荷、蒲公英、苦苣菜等；水果类植物有野苹果、野杏、樱桃李、悬钩子、山楂、刺醋栗、沙枣、沙棘等。

药用植物是指医学上用于防病、治病的植物，其植株的全部或一部分可供药用或作为制药工业的原料。新疆近2/3的植物均可入药，纳入收购的药用植物有125种。蕴藏量大、经济和药用价值高的有甘草、肉苁蓉、麻黄、贝母等。

饲料植物即牧草植物，是经济植物中的最大类群。牧草植物占新疆植物种数的3/4以上。新疆草地拥有高等植物138科858属3344种，其中可供家畜饲用的牧草占91.9%（3073种）。分布广、数量大、饲用价值较高的牧草有382种，占全区牧草资源总数的12.4%。

有毒植物也是一类经济植物，其植物体内的有毒物质经过提纯后的产物可用于治疗许多疾病。有毒植物是制作生物农药的重要原料，用作农作物的防虫、杀虫。新疆有毒植物约259种。

天山雪岭云杉林

◤喀拉峻草原植被

新疆许多植物在长期对环境的适应过程中形成了相应的抗逆能力，在维系自然生态平衡及优化、美化环境中发挥了重要作用。这类植物约 1000 种，包括防风固沙植物、治盐改土植物、城市绿洲美化植物和庭院植物等，其中最突出的是防风固沙植物，它们在干旱、荒漠地区的生态建设中能发挥重要作用。

有花植物一般都可供蜜蜂采蜜，因花期、花数、蜜质、分布等因素可作为蜜源的植物在新疆也不下百种。数量大、经济价值大的蜜源植物有分布于南北疆平原绿洲的尖果沙枣，还有杨柳科、十字花科、蔷薇科、柽柳科、豆科等科的许多种植物以及密花香薷、益母草、野薄荷、百里香、大叶白麻等。

燃料植物又称生物能源，是人类最早应用的能源。在新疆，生活在荒漠区的居民既缺乏矿物燃料，又缺乏购买工业能源的经济能力，因此荒漠灌木林便成为居民薪柴的主要对象，特别是荒漠三大树种胡杨、梭梭、柽柳。荒漠乔灌木材质坚硬、干燥，燃烧力强，可与煤炭媲美，其中的梭梭即有“荒漠活煤”之称。随着人口的大量增加，对荒漠灌木的过量采伐，已成为新疆生态恶化的一个重要因素。

新疆的经济植物中，许多具有工业用途，包括木材、纤维、染料、鞣料、造纸、油脂、芳香、胶脂、化学原料 9 类，如各种针叶林树种、各种杨树、亚麻、罗布麻、芦苇等。

◤塔里木河畔胡杨

二、真菌

新疆深居内陆，拥有湿地、草原、戈壁、沙漠等各种独特的地理类型，丰富的雪山和冰川养育了众多的草原和原始森林，人迹罕至的大山深处和草原的尽头也生长着许多珍奇的菌类，包括多种食用和药用真菌，如沙漠中的钉灰孢、胡杨林中的巴楚蘑菇，还有羊肚菌、鹿茸菌、牛肝菌等，数不胜数。它们既是一类重要的菌类蔬菜，又是食品和制药工业的重要资源。据不完全统计，目前新疆共发现食药用菌 700 余种，占全国总数的 35% 左右。

喜湿小脆柄菇

巴楚蘑菇（巴楚马鞍菌）

Helvella bachu Q. Zhao, Zhu L. Yang & K.D. Hyde

马鞍菌科 Helvellaceae

马鞍菌属 *Helvella* L.

整株形状如同蘑菇上面嫁接了木耳一般，中有凹坑，菌柄乳白色，中空。主要分布于河畔的胡杨林中，4 月下旬至 5 月中旬零星破土而出。

优质食用菌。

白蜡伞

Hygrophora ebureneus (Bull.:Fr.) Fr.

蜡伞科 Hygrophoraceae

蜡伞属 *Hygrophorus* Fr.

白蜡伞子实体白色，一般较小。分布于新疆、河北、云南等地。

食用菌。

褐缘鳞蘑菇

Agricus squamuliferus (Moller) Pilat

伞菌科 Agaricaceae

蘑菇属 *Agaricus* L.

子实体小半球形，扁至平展，地上单生或散生，分布于新疆、北京等地。

食用真菌。

厚环黏盖牛肝菌

Suillus grevillei (Kl.) Sing.

牛肝菌科 Boletaceae

乳牛肝菌属 *Suillus* P. Micheli

菌盖扁半球形，光滑，黏，赤褐色到栗褐色，菌肉淡黄色。分布于新疆、宁夏、台湾等地。

食用菌。

地勺菌

Spathularia flavida Pers. Fr

地舌科 Geoglossaceae

地勺菌属 *Spathularia* Pers.

子囊果肉质，较小，有子实层的部分黄色或柠檬黄色。分布于新疆、甘肃、四川等地。

食用菌。

黄拟口蘑

Tricholomopsis decora (Fr.) Sing.

口蘑科 Trecholomateceae

拟口蘑属 *Tricholomopsis* Singer

菌盖初期半球形，后扁平，黄色，密布褐色小鳞片，中部黑褐色。菌肉黄色。分布于新疆、四川、西藏等地。

可食用。此菌属木生，可能对被着生树木有危害。

紫丁香蘑

Lepista nuda (Bull:Fr.) Simth

口蘑科 Trecholomateceae

香蘑属 *Lepista* (Fr.) W. G. Sm.

菌盖半球形至平展，有时中部下凹，亮紫色或丁香紫色变至褐紫色，光滑。生于林中。分布于新疆、西藏、山西等地区。

食用菌，质好，肉厚味香，又可药用，含抗癌物质。

毒蝇鹅膏

Amanita muscaria (L.: Fr.) Pers. ex Hook.

鹅膏科 Amanitaceae

鹅膏属 *Amanita* Pers.

子实体较小，无菌环。产于新疆、四川、云南等地。

此蘑菇因可以毒杀苍蝇而得名。该菌可药用，小剂量食用时有安眠作用；含丙酸盐，可作防腐剂。此菌属外生菌根菌。

褐多孔菌

Polyporus badius (Pers. ex S. F. Gray) Schw.

多孔菌科 Polyporaceae

多孔菌属 *Polyporus* P. Micheli

担子果一年生，有柄，肉革质。菌盖扇形，肾形或近圆形。分布于新疆、黑龙江、云南等地。

云芝栓孔菌

Trametes versicolor (L.) Lloyd

多孔菌科 Polyporaceae

栓菌属 *Trametes* Fr.

菌盖半圆形至贝壳形，盖面幼时白色，渐变为深色，有密生的细茸毛。生于阔叶树枯立木、倒木、伐桩等上面。分布于新疆、福建、浙江等地。

药用菌，含抗癌活性物质，对肝肿瘤有一定疗效。

灰光柄菇

Pluteus cervinus (Scheff.) Fr.

光柄菇科 Pluteaceae

光柄菇属 *Pluteus* Fr.

菌肉白色，菌褶白色至粉红色，菌柄近圆柱形。分布于新疆、四川、西藏等地。

可食用。

尖鳞伞

Pholiota spuarrosoides (Peck) Sacc.

丝膜菌科 Cortinariaceae

环锈伞属 *Pholiota* (Fr.) Kumm.

菌盖半球形至扁半球形，黄褐色或土褐色带粉红色。夏秋季多在云杉、冷杉及混交林地上散生或群生。分布于新疆、安徽、云南等地。

食用菌。

宽肋羊肚菌

Morchella costata (Vent.) Pers.

羊肚菌科 Morchellaceae
羊肚菌属 *Morchella* Dill. ex Pers.

菌盖长圆锥形或长卵圆形，表面有似羊肚状的凹坑。单生或群生在针叶林地上。分布于新疆、甘肃、四川等地。

优质食用菌。

冷杉枝瑚菌

Ramaria abietina (Pers.) Quel.

珊瑚菌科 Clavariaceae
枝瑚菌属 *Ramaria* Holmsk.

子实体多分枝，丛生一起。灰黄色。分布于新疆、湖南、广东等地。

食用菌，菌根菌。

鹿茸菌

Sarcodon imbricatum (L.:Fr.) P. Karst.

齿菌科 Hericiaceae

肉齿属 *Sarcodon* Quél. ex P. Karst.

菌盖初期突起，后扁平，有时呈浅漏斗状，表面有暗灰色到黑褐色大鳞片。单生或者散生在林地上。分布于新疆、青海、西藏等地。

食用菌，在新疆俗名叫鹿茸蘑菇。

毛柄钉灰包

Battaraea stevenii (Libosch.) Fr.

灰锤科 Tulostomataceae

钉灰包属 *Battaraea* Fr.

多生于秋季生碱滩草地上，分布于新疆、内蒙古。

晒干子实体的包被部分能消肿、止血、解毒、清肺、利喉。

毛柄库恩菌

Kuehneromyces mutabilis (Schaeff.:Fr.) Sing. et Smith.

丝膜菌科 Cortinariaceae

库恩菌属 *Kuehneromyces* Singer & A. H. Sm.

菌盖扁半球形，凸形，后渐扁平，光滑，肉桂色。分布于新疆、西藏、云南等地。

可食用并能人工栽培，也曾有记载含毒。

珊瑚状猴头菌

Hericium coralloides (Scop.:Fr.) Pers.:Gray

猴头菌科 Hericiaceae

猴头菌属 *Hericium* Pers.

生在倒木、枯立木上。担子果树枝状，小枝上又长小枝，重复数次；小枝上长长刺，形似白珊瑚。分布于新疆、四川、云南等地。

优质食用菌。

橙黄网孢盘菌

Aleuria aurantia Pers. ex Fr.

盘菌科 Pezizaceae

网孢盘菌属 *Aleuria* (Fr.) Gillet

子囊盘盘状或近杯状。分布于新疆、山西、西藏等地。

食用菌，但生食会中毒。

喜湿小脆柄菇

Psathyrella hydrophila (Bull.:Fr.) A. S. Smith.

蘑菇科 Agaricaceae

脆柄属 *Psathyrella* (Fr.) Quél.

子实体较小，质脆。菌盖呈半球形至扁半球形。产于新疆、香港、广东等地。

食用菌。

三、地衣

地衣是真菌和藻类紧密结合共生的复合体，在形态、结构、生理和遗传上都形成了一个单独的、固定的有机体。在植物群落原生演替系列中，地衣对土壤的形成和环境条件的改善等有不可低估的作用。地衣体内含有许多独特的天然代谢产物，这些代谢产物具有广泛的用途，如药用、生物试剂、日化香料以及天然除草剂等，同时地衣还在探矿指示、冰川测年、大气污染监测等方面有着重要的作用。

戈壁卵石衣

荒漠平茶渍

Aspicilia desertorum (Krempelh.) Mereschk.

大孢衣科 Megasporaceae

平茶渍属 *Aspicilia* A. Massal

生于海拔 1827~2190 m，生长在各种岩面上。产于我国新疆、甘肃、宁夏、内蒙古等地。欧洲西南部和中亚也有分布。

鳞饼衣

Dimelaena oreina (Ach.) Norman.

粉衣科 Caliciaceae

鳞饼衣属 *Dimelaena* Norman

产于我国新疆昭苏县、新源县、巴里坤县、哈密县、阜康县、奇台县、米泉县、昌吉县等地。

糙聚盘衣

Glypholecia scabra (Pers.) Muell. Arg.

微孢衣科 Acarosporaceae

聚盘衣属 *Glypholecia* Nyl.

生长在海拔 1650~3900 m 的石灰岩和铁矿岩表面上。产于新疆温宿县、阿克陶县、乌鲁木齐县，国内其他省区以及国外也有分布。

戈壁卵石衣

Pleopsidium gobiense (H.Magn.) Hafellner

微孢衣科 Acarosporaceae

金卵石衣属 *Pleopsidium* Körb.

生于海拔 1270~2860 m 的花岗岩、硅质岩、砂石岩、鹅卵石等岩石表面上。产于新疆昭苏县、托里县、巴里坤县等地。国内甘肃、内蒙古、青海有分布。北半球均有分布。

小管地指衣

Dactylina madreporiformis (Ach.) Tuck.

梅衣科 Parmeliaceae

地指衣属 *Dactylina* Nyl.

生于海拔 2550~3780 m，在地面几乎自由式生长，与其他多种植物混生。产于新疆昭苏县、新源县、拜城县、叶城县、昌吉市、奇台县等地。

柔扁枝衣

Evernia divaricata (L.) Ach.

梅衣科 Parmeliaceae

扁枝衣属 *Evernia* Ach.

生于海拔 1800~3300 m，生长在枯死的云杉树枝、山杨和柳树枯树干上，在森林中较潮湿的斜坡阴面与苔藓混生。产于新疆昭苏县、尼勒克县、新源县、阜康市、木垒县等地。

荒漠黄梅

Xanthoparmelia desertorum (Elenkin) Hale

梅衣科 Parmeliaceae

黄梅属 *Xanthoparmelia* (Vain.) Hale

生于海拔 1050~1450 m，生长在土壤或者石子地表面。产于新疆塔城托里县、吉木乃县、额敏县等地。

管袋衣

Hypogymnia physodes (L.) Nyl.

梅衣科 Parmeliaceae

袋衣属 *Hypogymnia* (Nyl.) Nyl.

生于海拔1360~2390 m，生长在森林中部开阔以及潮湿的石面及枯死的枝条上。产于新疆布尔津县、白哈巴县、福海县、昭苏县等地。

霜降衣

Icmodophila ericetorum (L.) A.Zahlbr.

霜降衣科 Icmodophilaceae
霜降衣属 *Icmodophila* Trevis.

生于海拔 1150~2360 m，生长在比较潮湿的半朽木上。产于新疆布尔津县、吉木乃县、昭苏县、巴里坤县等地。

雪地茶

Thamnolia subuliformis (Ehrh.) W. Culb.

霜降衣科 Icmadophilaceae

地茶属 *Thamnolia* Ach. ex Schaer.

生于海拔 2190~4550 m。生长在石子较厚并具有一定湿度的地面，常与雪花衣、小管地指衣和苔藓伴生。产于新疆昭苏县、特克斯县、温宿县、米泉县等地。

蜂窝肺衣

Lobaria scrobiculata (Scop) DC.

肺衣科 Lobariaceae

肺衣属 *Lobaria* (Schreb.) Hoffm.

地衣体中型至大型叶状。生于海拔 1340~2350 m，生长在倒腐木表面或阴面潮湿的岩面上。产于新疆布尔津县、昭苏县等地。

四、苔藓

苔藓植物是一种小型的绿色植物，结构简单，形体矮小，被称为植物王国的“小矮人”，经常被人们忽视。苔藓分布范围很广，在全球大多数的陆地和淡水环境都可以找到它们的踪迹，有些种类的苔藓甚至能生长于荒漠、冻原地带及裸露的干燥石面或新断裂的岩层上。苔藓植物可以作为监测空气质量的指示植物。同时，苔藓植物还被广泛应用于医药、园林景观、水土保持，以及受损植被的生态修复及农业等方面。新疆是全国苔藓植物资源最丰富的地区之一，分布广，种类多。据不完全统计，新疆苔藓植物约有 471 种（含变种、亚种），属于 61 科 182 属。

对叶藓

多角胞三瓣苔

Tritomaria exsectiformis (Breidl.) Schiffn. ex Loeske

裂叶苔科 Lophoziaceae

三瓣苔属 *Tritomaria* Schiffn. ex Loeske

植物体较小，黄绿色，生于各种基质的环境中，多长在干燥开阔土地上，有时见于岩面薄土上。产于我国新疆、黑龙江、吉林、内蒙古，北美洲也有分布。

为高寒荒漠常见种，对保持水土和形成生态景观有重要作用。

扁萼苔

Radula complanata (L.) Dumort.

扁萼苔科 Radulaceae

扁萼苔属 *Radula* Dum.

植物体小，标本黄绿色。生于海拔 1400~3500 m 的树枝或岩面薄土上。广布种。

沼泽皱蒴藓

Aulacomnium androgynum (Hedw.) Schwaegr.

皱蒴藓科 Aulacomniaceae

皱蒴藓属 *Aulacomnium* Schwaegr.

植物体密集丛生，绿色或黄绿色，中下部有假根交织。高山冻原带的常见种。

丛生真藓

Bryum argenteum Hedw.

真藓科 Bryaceae

真藓属 *Bryum* Hedw.

植物体银白色至淡绿色，疏松丛状或成团状簇生。生于阳光充足的岩面、土坡、沟谷、林地焚烧后的树桩、城镇老房屋顶及阴沟边。世界广布。

对保持水土和形成生态景观有重要作用。

刺叶提灯藓

Mnium spinosum (Voit.) Schwaegr.

提灯藓科 Mniaceae

提灯藓属 *Mnium* Hedw.

植物体较粗壮，暗绿色带红棕色。生长于林下或阴湿环境，腐木生或腐殖土生，有时生于湿岩面。广布种。

卵叶盐土藓

Pterygoneurum ovatum (Hedw.) Dixon.

丛藓科 Pottiaceae

盐土藓属 *Pterygoneurum* Jur.

植物体绿色或黄绿色，疏丛生。生于山区岩面薄土、土墙上。产于我国新疆、内蒙古。蒙古国、俄罗斯以及北美洲和非洲北部也有分布。

为高寒荒漠常见种，对保持水土和形成生态景观有重要作用。

无疣墙藓

Tortula mucronifolia Schwaegr.

丛藓科 Pottiaceae

墙藓属 *Tortula* Hedw.

植物体疏散丛生或密集成垫状，绿色或黄绿色。生于山区岩面薄土上，土生。中国广布。中亚、欧洲、非洲和北美洲也有分布。

为高寒荒漠常见种，对保持水土和形成生态景观有重要作用。

齿肋赤藓

Syntrichia caninerves Mitt.

丛藓科 Pottiaceae

赤藓属 *Syntrichia* Brid.

植株密丛生。生于高山岩石、岩面薄土、流石滩以及高山草甸土上。产于我国新疆、四川、宁夏等地。中亚和东南亚、非洲北部、欧洲、北美洲也有分布。

在极端干旱、贫瘠、强风沙的自然条件下，以垫状、丛集或毯状的形式聚集生长在一起，呈休眠状态。为高寒荒漠常见种，对保持水土和形成生态景观有重要作用。

钝叶芦荟藓

Aloina rigida (Hedw.) Limpr.

丛藓科 Pottiaceae

芦荟藓属 *Aloina* Kindb.

植株矮小，叶呈阔卵形或舌形。生于岩面、岩面薄土、土墙上，水生或土生。产于我国新疆、陕西、西藏等地。中亚、西亚、欧洲、南美洲、北美洲和非洲北部地区也有分布。

为高寒荒漠常见种，对保持水土和形成生态景观有重要作用。

桧叶金发藓

Polytrichum juniperinum Hedw.

金发藓科 Polytrichaceae

金发藓属 *Polytrichum* Hedw.

生于湿地、沼泽地、岩面薄土、枋木、腐木上。产于我国新疆、西藏、黑龙江等地。亚洲、欧洲、北美洲、南美洲和非洲也有分布。

对保持水土和形成生态景观有重要作用，可置于园林作饰品。

尖叶泥炭藓

Sphagnum capillifolium (Ehrh.) Hedw.

泥炭藓科 Sphagnaceae
泥炭藓属 *Sphagnum* L.

植物体中等大，密集丛生，黄褐色到紫红色。生长于沼泽地、潮湿腐殖质上。世界广布种。

对叶藓

Distichium capillaceum (Hedw.) Bruch & Schimp.

对叶藓科 Distichiaceae
对叶藓属 *Distichium* Bruch & Schimp.

植物体细长，扁平，黄绿色或鲜绿色，具光泽。生于干燥土地、湿地、岩面、腐木、树基、高山沼泽地上，土生、水生或沙生。广布种。

对保持水土和形成生态景观有重要作用。

粗疣连轴藓

Schistidium strictum (Turn.) Loeske ex O. Mart.

紫萼藓科 Grimmiaceae

连轴藓属 *Schistidiun* Brid.

植物体中等，疏散丛生。生于低地至高海拔山区的岩石面上，海拔 850 ~ 4000 m。广布种。

立碗藓

Physcomitrium sphaericum (C. Ludw.) Brid.

葫芦藓科 Funariaceae

立碗藓属 *Physcomitrium* (Brid.) Brid.

稀疏丛集，叶片呈卵形或披针形。土生。产于我国新疆、台湾、香港等地。俄罗斯、日本也有分布。

五、维管植物

新疆植物资源非常丰富，绵延的山脉、丰富的河湖水系孕育出多姿多彩的植物世界。新疆现有野生维管植物 4100 余种，其中国家重点保护野生植物有 59 种。植物区系的优势科几乎全为世界广布科和以温带分布为主的科，世界广布科有蓼科、藜科、石竹科和十字花科，典型温带分布科有柽柳科、罂粟科、蒺藜科、毛茛科，亚热带至温带分布科有杨柳科，热带至温带分布科有白花丹科、松科、麻黄科、蔷薇科等。

白番红花

天山瓦韦

Lepisorus albertii (Regel) Ching

水龙骨科 Polypodiaceae

瓦韦属 *Lepisorus* (J. Sm.) Ching

生于海拔 1700~3750 m 的山坡阴处岩石缝或沟边岩缝中。

富含活性成分，具有很高的药用价值。

欧亚多足蕨

Polypodium vulgare L.

水龙骨科 Polypodiaceae

多足蕨属 *Polypodium* L.

多年生草本。山地森林植物，国内产于新疆，常附生于海拔 1100~2100 m 的森林带林下、林缘及悬崖峭壁的石缝中。

药用植物，有毒。

木贼麻黄

Ephedra equisetina Bge

麻黄科 Ephedraceae

麻黄属 *Ephedra* L.

旱生和超旱生植物。生于碎石坡地、山脊，海拔1300~3000 m。

药用植物。

新疆维吾尔自治区重点保护野生植物名录收录（二级）。

细子麻黄

Ephedra regeliana Florin

麻黄科 Ephedraceae

麻黄属 *Ephedra* L.

旱生和超旱生植物。产于天山，生于平原砾石戈壁、干旱低山坡至高山石坡、石缝，海拔 700~3200m。

新疆落叶松

Larix sibirica Laedeb.

松科 Pinaceae

落叶松属 *Larix* Mill.

生长在海拔 1200~2600 m 的山坡上。分布于新疆阿尔泰山、沙吾尔山、北塔山和天山东部各地。

该树种为阳性树，树形美观大方，生长迅速，适应性强，喜酸性土壤，耐寒冷、干旱、瘠薄，是新疆特有的珍贵树种之一，也是我国西北地区园林绿化的优良树种之一。

雪岭云杉

Picea schrenkiana Fisch. et Mey.

松科 Pinaceae

云杉属 *Picea* A. Dietrich

生长在海拔 1400~2700 m 的中山带阴坡。分布于新疆天山南北坡、昆仑山西部、准噶尔西部山地，向西延伸到吉尔吉斯斯坦的天山与阿赖山，是中亚荒漠带最主要的山地常绿针叶林。

该树种为上好的木材，木质轻、纹理通直，是建筑、家具、造纸等行业的好原料。

新疆猪牙花

Erythronium sibiricum (Fisch. et al.) Kryl.

百合科 Liliaceae

猪牙花属 *Erythronium* L.

生于海拔 1500~2000 m 的山地林下、灌木丛中和高山草甸中，常成片生长。分布于新疆北部的布尔津、哈巴河、阿勒泰、富蕴、青河等县。

该种抗逆性强，花期早，为很好的早春观赏植物，常密集开放形成景观。鳞茎是哈萨克族传统的医药材料。

伊犁郁金香

Tulipa iliensis Regel.

百合科 Liliaceae

郁金香属 *Tulipa* L.

生长于海拔 400~1000 m 的地区，一般生长在山前平原和低山坡地。分布于天山北麓、乌鲁木齐至伊犁地区。

该种为早春荒漠草场上的重要牧草，同时也是很好的观赏植物和药用植物。

新疆郁金香

Tulipa sinkiangensis Z. M. Mao

百合科 Liliaceae

郁金香属 *Tulipa* L.

生于海拔 1000~1300 m 的石质低山阳坡及山前平原荒漠。新疆特有种，产于乌鲁木齐、奎屯、玛纳斯等地。

观赏植物。

鸢尾蒜

Ixiolirion tataricum (Pall.) Herb.

鸢尾蒜科 Ixioliriaceae

鸢尾蒜属 *Ixiolirion* (Fisch.) Herb.

生于天山及准噶尔盆地边缘，海拔 500~2400 m 的干旱山坡、低山冲积扇缘地带。

白番红花

Crocus alatavicus Semenov & Regel.

鸢尾科 Iridaceae

番红花属 *Crocus* L.

草甸植物，生于海拔 1200~3000 m 的山坡及河滩草地。分布于新疆新源县、霍城县、巩留县、尼勒克县等地。

白番红花是我国仅有的一种野生番红花属植物，可入药，还是重要的野生观赏早春花卉。为适应早春高海拔恶劣的环境，花在晴天每日开放及闭合，阴天或大风、雨雪天闭合。

膜苞鸢尾

Iris scariosa Willd. ex Link.

鸢尾科 Iridaceae

鸢尾属 *Iris* L.

生于山前固定沙地，或干旱石质山坡上。产于新疆哈密、伊犁等地。

根入药，花大，同一种群中有多种颜色，是很好的观赏植物资源。

细叶鸢尾

Iris tenuifolia Pall.

鸢尾科 Iridaceae

鸢尾属 *Iris* L.

沙漠至山地草原植物，生于海拔 500~4400 m 的固定沙地或半固定沙丘上。

有毒植物。

阿尔泰独尾草

Eremurus altaicus (Pall.) Stev.

阿福花科 Asphodelaceae

独尾草属 *Eremurus* M. Bieb.

山地草原植物，生于海拔 1300~2200 m 的山地，以土层瘠薄或砾石阳坡为多。新疆阿尔泰山和天山北麓普遍分布。

该种是很好的观赏植物。嫩叶和嫩的块根经煮或煎烤后可作为食物。

蒙古韭

Allium mongolicum Regel

石蒜科 Amaryllidaceae

葱属 *Allium* L.

生于沙地及干旱山坡。

叶及花可食用，地上部分可入药，各种牲畜均喜食，为优等饲用植物。其具有耐风蚀、耐干旱、耐瘠薄的特点，营养价值和药用价值极高，是一种生态价值和经济价值兼具的重要荒漠植物。

白羊草

Bothriochloa ischaemum (L.) Keng

禾本科 Poaceae

孔颖草属 *Bothriochloa* Kuntze

平原至山地草原植物，生于丘陵、山坡、路旁，海拔480~2600 m。本种适应性强，分布几遍全国。

可作牧草，根可制各种刷子。

大赖草

Leymus racemosus (Lam.) Tzvel.

禾本科 Poaceae

赖草属 *Leymus* Hochst.

多年生草本植物，具长的横走根茎。分布于新疆准噶尔盆地，生于流动沙丘或沙质草原。俄罗斯也有分布。

为固沙植物，也是培养小麦良种的优良亲本。处于濒危状态。

沙生蔗茅

Saccharum ravennae (L.) L.

禾本科 Poaceae

甘蔗属 *Saccharum* L.

又名皮山蔗茅，高大而粗壮的多年生草本。根系发达，深达 1.5 m，根状茎粗短，常形成大丛。生于海拔 1200~3000 m 的固定沙丘、戈壁滩、沙质土渠道、农田沙地。新疆特有种。

优良的固沙植物和观赏禾草，挡沙性强，幼嫩期可作家畜饲料。

阿山黄堇

Corydalis nobilis (L.) Pers.

罂粟科 Papaveraceae

紫堇属 *Corydalis* DC.

灌木和森林带植物。产于阿尔泰山，生于海拔 1900~2000 m 的山地阴坡针叶林缘、林下。

植株含生物碱，可作药用植物，成片开放后极具观赏价值。

新疆海罂粟

Glaucium squamigerum Kar.

罂粟科 Papaveraceae

海罂粟属 *Glaucium* L.

荒漠植物，生于海拔 860~2600 m 的荒漠地区石质山坡、路边碎石堆、戈壁和丘陵。分布于新疆各地。

含生物碱，有毒，但可药用。

黑环罂粟

Papaver pavoninum Fisch. et Mey.

罂粟科 Papaveraceae
罂粟属 *Papaver* L.

荒漠至草原植物，生于海拔 900 m 左右的低山多石山坡或田边草地。花鲜艳，成片形成景观，即天山红花。

有毒，全株入药，含多种生物碱。

异果小檗

Berberis heteropoda Schrenk.

小檗科 Berberidaceae

小檗属 *Berberis* L.

山地灌丛和森林植物，是山地生态系统中常见灌木，优势种。生于石质山坡、河滩地、疏林或云杉林下、灌丛中，海拔 950~3200 m。产于新疆北部。

根皮含有多种生物碱，主要是小檗碱；浆果可食，还可用于制作果酱；花期花色密集，果期浆果紫色成串，具有很好的观赏性。

西伯利亚铁线莲

Clematis sibirica (L.) Mill.

毛茛科 Ranunculaceae

铁线莲属 *Clematis* L.

草原至森林植物，生于山地灌丛、林缘、林下及沿河沟的砾质山坡。分布于新疆北部山区。

本种为中药新疆木通的原植物，茎枝入药，可清心火、泄湿热、通血脉。有毒，观赏植物。

阿尔泰金莲花

Trollius altaicus L.

毛茛科 Ranunculaceae

金莲花属 *Trollius* L.

草原至森林植物，生于海拔 1200~2650 m 的山地草坡、沼泽边或山谷林下。

花大而艳丽，是较好的观赏植物，亦可入药。

淡紫金莲花

Trollius lilacinus Bunge

毛茛科 Ranunculaceae

金莲花属 *Trollius* L.

产于天山，生于海拔 2600~3500 m 的山地草坡或云杉林边。

淡紫金莲花对湿度和温度特别敏感，引种驯化存在较高的难度。近年来，由于民众对于野生有药用价值的植物资源极为关注，淡紫金莲花遭遇毁灭性采摘，从雪山上盛开的精灵变成了水杯中的“神药”，生存现状堪忧。

中国高等植物受威胁物种名录收录（VU，易危）。

新疆维吾尔自治区重点保护野生植物名录收录（一级）。

块根芍药

Paeonia intermedia C. A. Mey.

芍药科 Paeoniaceae

芍药属 *Paeonia* L.

多年生草本。山地森林植物，生于海拔 1200~2200 m 的针叶林下、阴湿山坡和河谷草甸。产于新疆西北部阿尔泰及天山山区。

因其花朵美丽，根皮又有药用价值，因而很容易受到侵扰。

厚叶岩白菜

Bergenia crassifolia (L.) Fritsch

虎耳草科 Saxifragaceae

岩白菜属 *Bergenia* Moench

多年生草本，山地森林植物。生于河谷林缘、针叶林下、山崖石缝中，海拔 1000~2600 m。产于新疆北部。

全草入药。花常被引种做盆栽，有很高的观叶、观花园林景观价值和药用价值，是一种具有潜在开发利用前景的野生植物资源。

合景天

Pseudosedum lievenii (Ldb.) Berger.

景天科 Crassulaceae

合景天属 *Pseudosedum* (Boiss.) Berger

生于 200~1500 m 的砾石质山坡、山前碎石质荒漠草地、山沟石缝中。产于新疆北部。

观赏植物。

锁阳

Cynomorium songaricum Rupr.

锁阳科 Cynomoriaceae

锁阳属 *Cynomorium* L.

寄生植物，生于有白刺属植物生长的沙丘、沙地或盐碱地上，海拔 550~3000 m。

全草入药，为中药锁阳的原植物。

大翅驼蹄瓣

Zygophyllum macropterum C. A. Mey.

蒺藜科 Zygophyllaceae

驼蹄瓣属 *Zygophyllum* L.

多年生草本，高 5~25 cm。荒漠植物，生于戈壁、低山干旱石质山坡、河流阶地，海拔 800~1050 m。分布于新疆。

有毒植物。

霸王

Zygophyllum xanthoxylon (Bge.)

蒺藜科 Zygophyllaceae

驼蹄瓣属 *Zygophyllum* L.

生于荒漠和半荒漠的沙砾质河流阶地、低山山坡、碎石低丘和山前平原。

可入药，幼嫩时期也可饲用。

骆驼刺

Alhagi sparsifolia Shap.

豆科 Fabaceae

骆驼刺属 *Alhagi* Gagneb

生于荒漠地区的沙地、轻度盐渍化低湿地、荒地。在恶劣的生态环境中被作为防风固沙的植物种之一，对抑制草场退化、减轻干旱荒漠农区绿洲的盐渍化及沙化、保护及扩大绿洲等起着重要作用。

营养价值较高，适口性好，是非常好的饲用植物。

银砂槐

Ammodendron bifolium (Pall.) Yakovl.

豆科 Fabaceae

银砂槐属 *Ammodendron* Fisch. ex. DC.

灌木，被银白色丝状毛，高 30~150 cm。生于沙丘、沙地。中国仅产于新疆。

优良固沙植物。

小沙冬青

Ammopiptanthus nanus (M. Pop.) Cheng f.

豆科 Fabaceae

沙冬青属 *Ammopiptanthus* Cheng f.

常绿灌木，生于砾质山坡。仅产于新疆乌恰县和阿克陶县。

优良观赏植物。

木黄芪

Astragalus arbuscula Pall.

豆科 Fabaceae

黄芪属 *Astragalus* L.

灌木，高 50~120 cm，生于 800~1600 m 的石质山坡。产于新疆北部。

花期长，色艳，可做西北荒山护坡绿化。

铃铛刺（盐豆木）

Halimodendron halodendron (Pall) Voss

豆科 Fabaceae

铃铛刺属 *Halimodendron* Fisch. ex DC.

生于荒漠盐化沙土和河流沿岸的盐质土上，海拔 200~1200 m。

可作改良盐碱土和固沙植物，也可用于庭园绿化，供观赏。含高蛋白质，是骆驼和羊的喜食牧草。

白皮锦鸡儿

Caragana leucophloea Pojark.

豆科 Fabaceae

锦鸡儿属 *Caragana* Fabr.

强旱生灌木，抗风沙的能力极强。生于 700~2250 m 的干山坡、山前冲积扇、戈壁滩。

准噶尔无叶豆

Eremosparton songoricum (Litv.)Vass.

豆科 Fabaceae

无叶豆属 *Eremosparton*

荒漠植物，生于流动沙丘、半固定沙丘、沙地，海拔 200~1200 m。

可作改良盐碱土和固沙植物，也可用于庭园绿化供观赏。含高蛋白质，是骆驼和羊的喜食牧草。

甘草

Glycyrrhiza uralensis Fisch.

豆科 Fabaceae

甘草属 *Glycyrrhiza* L.

生于干旱沙地、河岸砂质地、山坡草地及盐渍化土壤中。

根与根状茎粗壮，是一种补益中草药。

新疆野苹果

Malus sieversii (Ledeb.) Roem.

蔷薇科 Rosaceae

苹果属 *Malus* Mill.

新疆野苹果为国家二级保护植物，是我国野生苹果资源唯一的天然基因库，也是世界野苹果基因库的重要组成部分，具有重要的科研和保护价值。新疆野苹果类型较多，有绿球果、黄球果、红球果、绿长果、黄长果、红长果等，是培育苹果新品种的宝贵基因资源。

分布于新疆巩留至新源的南部低山，霍城至伊宁的北部低山亦有，与哈萨克斯坦和吉尔吉斯斯坦等中亚山地野苹果林相连。

杏

Prunus armeniaca L.

蔷薇科 Rosaceae

李属 *Prunus* L.

杏林是中亚荒漠地带山地罕见的温带落叶阔叶林森林生态系统类型，是新疆野果林的重要物种之一，通常被认为是世界栽培杏的原种。该种在新疆伊犁一带野生成纯林或与新疆野苹果林混生，海拔可达 3000 m。

野杏耐干旱，适应性极强，比栽培杏具有更强的适应性，蕴含着丰富的基因资源。

矮扁桃

Prunus tenella Batsch

蔷薇科 Rosaceae

李属 *Prunus* L.

草原谷地植物，生于 1200 m 左右的干旱坡地及谷地。产于新疆塔城地区。新疆特有种。

本种抗寒耐旱，适应性强，可作育种的原始材料，又是早春美丽的观赏灌木。种仁含有苦扁桃油，可供药用。

天山樱桃

Prunus tianshanica (Pojark.) S. Shi

蔷薇科 Rosaceae

李属 *Prunus* L.

山地灌丛和草原植物，生于山坡草地或林下，海拔 1100~1500 m。产于新疆天山。

果实可食，成熟的稍透明，含糖量高，味道鲜美。花期可提供大量蜜源。

宽刺蔷薇

Rosa platyacantha Schrenk

蔷薇科 Rosaceae

蔷薇属 *Rosa* L.

生于海拔 1100~2400 m 的河滩地、干旱山坡、碎石阳坡。中国仅在新疆有分布。

花鲜艳美丽，富观赏价值；果含维生素 C，可食用或药用。

天山花楸

Sorbus tianschanica Rupr.

蔷薇科 Rosaceae

花楸属 *Sorbus* L.

森林植物，生于林缘、林间空地，海拔2000~3200 m。

天山花楸是维吾尔族和哈萨克族的民族药，茎、茎皮和果实均可入药。天山花楸树形秀美，枝叶雅洁，具密集的花朵和红色果实，是花果叶兼赏的优良树种，适合高寒地区的城市绿化。

金丝桃叶绣线菊

Spiraea hypericifolia L.

蔷薇科 Rosaceae

绣线菊属 *Spiraea* L.

荒漠至草原植物，生于干旱地区向阳坡地或灌木丛中，海拔 600~2200 m。

当年生枝条和叶片是较好的饲料，营养价值高；花期成片开放，极具观赏价值。

尖果沙枣

Elaeagnus oxycarpa Schlechtend.

胡颓子科 Elaeagnaceae

胡颓子属 *Elaeagnus* L.

生于戈壁沙滩或沙丘的低洼潮湿地区和田边、路旁，海拔 400~660 m。

干旱、半干旱地区以及荒山、荒滩、沙漠地区造林的优良树种。果实可食。

沙棘

Hippophae rhamnoides subsp. *trukestanica* Rousi.

胡颓子科 Elaeagnaceae

沙棘属 *Hippophae* L.

生于海拔 800~3600 m 的温带地区向阳山坡、谷地、干涸河床地的砾石或沙质土上。

在内蒙古、新疆的阿勒泰地区和塔城地区大面积人工栽种，用于沙漠绿化。沙棘果实中维生素 C 含量高，素有“维生素 C 之王”的美称。

啤酒花

Humulus lupulus L.

大麻科 Cannabaceae

葎草属 *Humulus* L.

多年生攀缘草本，常生于山地林缘、河谷和河边的灌木林中。

啤酒花被广泛应用于食品工业和园林绿化。其在我国各地多有栽培，是啤酒酿造不可缺少的原料之一，不仅能够给予啤酒独特的芳香和清新的苦味，还能够杀死啤酒生产过程中产生的乳酸菌和酪酸菌，对啤酒的腐败变质起到抑制作用，其好坏程度影响着啤酒的口感。

胡桃

Juglans regia L.

胡桃科 Juglandaceae

胡桃属 *Juglans* L.

胡桃即公众熟知的核桃，常生于海拔 400~1800 m 的山坡及丘陵地带，喜肥沃湿润的沙质壤土。第三纪孑遗植物，在新疆天山（霍城县和巩留县）尚有小面积的野生林分布。

种仁含油量高，可生食，亦可榨油食用；木材坚实，是很好的硬木材料。

阿尔泰堇菜

Viola altaica Ker-Gawl.

堇菜科 Violaceae

堇菜属 *Viola* L.

山地草甸植物，生于高山及亚高山草甸、山坡林下、草地等。产于天山及阿尔泰山。漂亮、芳香的早春观赏植物，极耐寒。

泡泡刺

Nitraria sphaerocarpa Maxim.

白刺科 Nitrariaceae

白刺属 *Nitraria* L.

生于砾质荒漠、山前平原和沙砾质平坦沙地，海拔 700~1280 m。

西北砾质、沙砾质荒漠的建群种，优良的固沙植物。

半日花

Helianthemum songaricum Schrenk ex Fisch. & C. A. Mey.

半日花科 Cistaceae

半日花属 *Helianthemum* Mill.

荒漠或草原化荒漠植物，生于草原化荒漠区的石质和砾质山坡。

极耐旱，残遗种，我国列为保护植物。在西北地区可为庭院栽培，宜配置于花坛和草地边缘。

刺山柑

Capparis spinosa L.

山柑科 Capparaceae

山柑属 *Capparis* L.

荒漠地区抗旱植物，耐干旱、耐风沙、耐高温，且耐贫瘠，对土壤的适应性很强，在干燥的石质低山、丘陵坡地、砾石质的戈壁滩均能生长。

具有水土保持、防风固沙等多种功能，可药用、食用。

高山离子芥

Chorispora bungeana Fisch. et Mey.

十字花科 Brassicaceae

离子芥属 *Chorispora* R. Br.

多年生高山草本。生于山坡草地或沼泽地，海拔 2900~3700 m。

耐冷、抗冻的高山冰缘带植物，作为抗逆植物资源被广泛应用于研究抗冻机制和基因挖掘。

宽翅菘蓝

Isatis violascens Bunge

十字花科 Brassicaceae

菘蓝属 *Isatis* L.

生于沙质荒漠。国内仅产于新疆准噶尔盆地。

药用植物，板蓝根的近缘种。

宽苞水柏枝

Myricaria bracteata Royle

柽柳科 Tamaricaceae

水柏枝属 *Myricaria* Desv.

生于荒漠区河滩、湖岸、河沟、河谷，常形成大片丛林，海拔 600~3000 m。

嫩枝条入药，叶可代茶饮。

五柱红砂

Reaumuria kaschgarica Rupr.

柽柳科 Tamaricaceae

红砂属 *Reaumuria* L.

生于盐土荒漠、草原、石质和砾质山坡、阶地和杂色的砂岩上。

嫩枝、叶均可入药；防风固沙植物。

长穗柽柳

Tamarix elongata Ledeb.

柽柳科 Tamaricaceae

柽柳属 *Tamarix* L.

喜光不耐阴，耐干又耐水湿，抗风能力强，耐盐碱土。生于荒漠区盐渍化湿地及盐化沙地、固定沙丘。

荒漠地区盐渍化沙地良好的固沙、造林树种。

刚毛柽柳

Tamarix hispida Willd.

柽柳科 Tamaricaceae

柽柳属 *Tamarix* L.

生于荒漠区河岸边盐渍化低湿地、河滩及固定沙地。

秋季开花，极美丽，适于荒漠地区低湿盐碱沙化地固沙、改良土壤，为造林绿化的优良树种。

黄花补血草

Limonium aureum (L.) Hill.

白花丹科 Plumbaginaceae
补血草属 *Limonium* Mill.

荒漠至草原植物，生于土质含盐的砾石滩、黄土坡和砂土地。

可制作干花，花萼和根为民间草药。

耳叶补血草

Limonium otolepis (Schrenk) Kuntze

白花丹科 Plumbaginaceae
补血草属 *Limonium* Mill.

克隆植物，生于荒漠平原地区沙质盐碱地、沙地和河流沿岸盐化土壤上。

该种耐盐碱，是很好的改良盐土植物。叶色深绿，叶大而光滑，花期长，可作鲜插花，也宜作干花瓶插，可保持数年不凋落。

绿叶木蓼

Atraphaxis laetevirens (ledeb.) Jaub. et Spach

蓼科 Polygonaceae

木蓼属 *Atraphaxis* L.

小灌木，中国仅分布于新疆北部。生于多石山坡灌丛及荒漠，海拔 900~1500 m。

泡果沙拐枣

Calligonum junceum (Fisch. et Mey.) Litv.

蓼科 Polygonaceae

沙拐枣属 *Calligonum* L.

荒漠植物，是防风固沙的优良植物。生于荒漠的固定沙地和沙丘、砾质戈壁、洪积扇，海拔 300~800 m。

矮大黄

Rheum nanum Siev.

蓼科 Polygonaceae

大黄属 *Rheum* L.

多年生草本。荒漠和草原砾石山坡植物，生于海拔 700~2000 m 或以上的荒漠戈壁、石质山坡、砂砾地。产于新疆东北部。

骆驼、羊等喜食其叶。

刺石竹

Acanthophyllum pungens (Bunge) Boiss.

石竹科 Caryophyllaceae

刺叶属 *Acanthophyllum* C. A. Mey.

生于海拔 600~1400 m 的多砾石山坡或沙砾质沙地。产于新疆西北部。

常成片分布，构成群落中的优势种，极具观赏价值。

裸果木

Gymnocarpos przewalskii Maxim.

石竹科 Caryophyllaceae

裸果木属 *Gymnocarpos* Forssk.

喜光性强，耐干旱、寒冷和瘠薄土壤，抗风能力强，多生在干旱的灰棕色荒漠土、棕色荒漠土的砾石戈壁或低矮的剥蚀残丘下部，在地表径流或低洼处常形成单优势种群落，海拔 1000~2500 m。

骆驼喜食嫩枝；可作固沙植物。

囊种草

Thylacospermum caespitosum (Camb.) Schischk.

石竹科 Caryophyllaceae

囊种草属 *Thylacospermum* Fenzl

多年生垫状草本。产于新疆、青海、甘肃、四川、西藏。生于海拔 3600 ~ 6000 m 的山顶沼泽地、流石滩、岩石缝和高山垫状植被中。

无叶假木贼

Anabasis aphylla L.

苋科 Amaranthaceae

假木贼属 *Anabasis* L.

荒漠植物，生于海拔 330~1900 m 的广大平原地区、山麓洪积扇和低山干旱山坡的砾质荒漠及干旱盐化荒漠。在古尔班通古特沙漠可形成单优势种群落。

该种的幼枝含多种生物碱，对昆虫有触杀、胃毒和熏杀的作用，是一种良好的农药原料。

短叶假木贼

Anabasis brevifolia C.A.Mey.

苋科 Amaranthaceae

假木贼属 *Anabasis* L.

荒漠植物，生于海拔 500~1700 m 的洪积扇和山间谷地的砾质荒漠、低山草原化荒漠。

常以单优势种形成大面积的短叶假木贼荒漠。

盐生草

Halogeton glomeratus (Bieb.) C. A. Mey.

苋科 Amaranthaceae

盐生草属 *Halogeton* C. A. Mey.

生于荒漠轻度黏土或砾质戈壁滩、盐碱地、碎石坡地。

盐生草是平原区砾石戈壁环境中几种重要的牧草之一，具有较高的饲用价值。

圆叶盐爪爪

Kalidium schrenkianum Bge.

苋科 Amaranthaceae

盐爪爪属 *Kalidium* Moq.

荒漠植物，生于盐湖边、盐碱地、山前倾斜平原上部、山间谷地、干旱山地及洪积扇砾石荒漠和沙砾石荒漠，海拔 1500~2400 m。

盐生植物资源。

紫翅猪毛菜

Salsola affilis C.A.Mey.

苋科 Amaranthaceae

猪毛菜属 *Salsola* L.

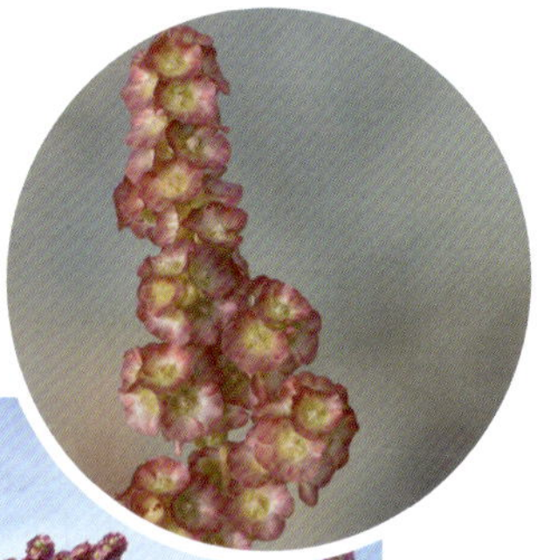

荒漠植物，生于山前砾质荒漠、龟裂地、多石的黏土丘陵、低山带的盐碱地，常成片出现。

果期具有很高的观赏价值。

松叶猪毛菜

Salsola laricifolia Turcz. ex Litv.

苋科 Amaranthaceae

猪毛菜属 *Salsola* L.

生于 400~1500 m 的低山石质阳坡、山麓洪积扇砾石荒漠及沙丘、沙地。

饲用植物，是研究光合进化的重要材料。

合头藜

Sympegma regelii Bge.

苋科 Amaranthaceae

合头草属 *Sympegma* Bunge

生于海拔 1200~2100 m 的洪积扇砾质荒漠、轻度盐化荒漠及山地干旱荒漠。

为荒漠、半荒漠地区的优良牧草。

假报春

Cortusa matthioli L.

报春花科 Primulaceae

假报春属 *Cortusa* L.

草原至森林植物，生于云杉、落叶松林下腐殖质较多的阴处。

重要的观赏植物。

毛黄连花

Lysimachia vulgaris L.

报春花科 Primulaceae
珍珠菜属 *Lysimachia* L.

草甸和沿水边植物，分布于新疆阿尔泰山、塔尔巴哈台山、天山北坡山地草原至高山草甸的林缘、灌丛、河谷、沼泽渠边、河岸草丛、灌木林下、河漫滩、芦苇丛，海拔 500~2900 m。

花大、色黄、密集，可作为优良的观赏植物进行开发。

高山龙胆

Gentiana algida Pall.

龙胆科 Gentianaceae
龙胆属 *Gentiana* (Tourn.) L.

多年生草本。生于山坡草地、河滩草地、灌丛中、林下、高山冻原，海拔 1700~3500 m。

全草供药用，有毒，动物完全不吃。有很强的观赏价值，有待开发。

罗布麻

Apocynum venetum L.

夹竹桃科 Apocynaceae
罗布麻属 *Apocynum* L.

草甸盐生植物，生于河湖渠边、河漫滩、盐碱地、盐渍化沙地。

干燥叶可入药，《中华人民共和国药典》中罗布麻的原植物，茎皮纤维是编织和纺织原料。株形优美，花朵美观，无性繁殖，可形成群落，是一种良好的观赏植物。

天山软紫草

Arnebia tschimganica (Fedtsch.) G. L. Chu

紫草科 Boraginaceae

软紫草属 *Arnebia* Forssk.

生于海拔 1000~2000 m 的山地草原及亚高山草甸、河滩灌丛、河谷。产于天山。

花大，色艳，成片生长，观赏性强。

长柱琉璃草

Lindelofia stylosa (Kar. & Kir.) Brand

紫草科 Boraginaceae

长柱琉璃草属 *Lindelofia* Lehm.

生于海拔 1200~2800 m 山坡草地、林下及河谷等处，有一定的观赏价值。

假狼紫草

Nonea caspica (Willd.) G. Don

紫草科 Boraginaceae

假狼紫草属 *Nonea* Medik.

生于山坡、沙砾质地、荒地、洪积扇、河谷阶地等处。产于新疆北部。

鹰爪柴

Convolvulus gortschakovii Schrenk

旋花科 Convolvulaceae

旋花属 *Convolvulus* L.

荒漠植物，生于灌木草原带石质、砾质低山坡和沙地。

花大而艳丽，是荒漠中优良的观赏植物。

中亚天仙子

Hyoscyamus pusillus L.

茄科 Solanaceae

天仙子属 *Hyoscyamus* L.

常生于砾质干燥丘陵、固定沙丘边缘、荒漠草原的黏土上以及河湖沿岸。

果实及种子含莨菪碱和东莨菪碱。

黑果枸杞

Lycium ruthenicum Murr.

茄科 Solanaceae

枸杞属 *Lycium* L.

荒漠植物，生于盐碱地、盐化沙地、河湖沿岸、干河床或路旁。

耐盐碱，可作为水土保持的灌木。果实含多种营养成分，可食，近年来市场上常见。

泡囊草

Physochlaina physaloides (L.) G. Don

玄参科 Scrophulariaceae

脬囊草属 *Physochlaina* G. Don

草原植物，生于山坡草地或林边。

药用，含莨菪碱、东莨菪碱和山莨菪碱。

紫毛蕊花

Verbascum phoeniceum L.

玄参科 Scrophulariaceae

毛蕊花属 *Verbascum* L.

生于山坡草地或荒地，海拔 1600~1800 m。产于新疆，各地偶有栽培。

准噶尔毛蕊花

Verbascum songaricum Schrenk

玄参科 Scrophulariaceae

毛蕊花属 *Verbascum* L.

平原荒漠植物，生于盐碱荒漠、芨芨草滩或田边，海拔 600~1000 m。产于新疆塔城地区。

含皂角苷，有毒，牲畜不食，可入药。

硬尖神香草

Hyssopus cuspidatus Boriss.

唇形科 Lamiaceae

神香草属 *Hyssopus* L.

草原至森林植物，生于砾石质山坡，海拔 1000~1800 m。产于阿尔泰山和巴尔鲁克山。

全草入药，并且作为观赏植物也有栽培，开发的空间很大。

二刺叶兔唇花

Lagochilus diacanthophyllus (Pall.) Benth.

唇形科 Lamiaceae

兔唇花属 *Lagochilus* Bunge

荒漠植物，生于天山、阿尔泰山和准噶尔西部山地的干旱砾石质坡地上及平原戈壁中。

药用和观赏植物。

沙穗

Phlomoides molucelloides (Bunge) Salmaki

唇形科 Lamiaceae

糙苏属 *Phlomoides* Moench

生于石质山坡、山前平原、戈壁、沙丘。产于新疆塔城地区和阿勒泰地区。

药用植物。

风轮新塔花

Ziziphora clinopodioides Lam.

唇形科 Lamiaceae

新塔花属 *Ziziphora* L.

山地草原植物，生于砾石山坡、干山坡冲沟、河谷，海拔 600~2000 m。国内仅产于新疆。

芳香植物，含令人愉快的薄荷香味，可提炼芳香精油。全株地上部分均可入药。

肉苁蓉

Cistanche deserticola Ma

列当科 Orobanchaceae

肉苁蓉属 *Cistanche* Hoffmanns. et Link

寄生植物，生于山前平原覆沙地、半固定沙丘、沙地上的梭梭植物根部，从梭梭寄主中汲取养分及水分。

该种素有“沙漠人参”之美誉，具有极高的药用价值，是中国传统的名贵中药材。

美丽列当

Orobanche amoena C. A. Mey.

列当科 Orobanchaceae

列当属 *Orobanche* L.

寄生植物，寄生于砾质荒漠及沙化盐土上的蒿属植物根部。

药用植物。

欧氏马先蒿

Pedicularis oederi Vahl

列当科 Orobanchaceae

马先蒿属 *Pedicularis* L.

半寄生性多年生草本，广布种，多生于海拔 2600~4000 m 以上的高山沼泽草甸和阴湿的林下。

常出现于维吾尔族医药中。

新疆党参

Codonopsis clematidea (Schrenk) C. B. Cl.

桔梗科 Campanulaceae

党参属 *Codonopsis* L.

森林植物，生于海拔 1700~2500 m 的山地林中、河谷及山溪附近。

该种在新疆常代替党参入药。种子可榨油。

新疆亚菊

Ajania fastigiata (C. Winkl.) Poljak.

菊科 Asteraceae

亚菊属 *Ajania* Poljak.

荒漠至草原植物，生于 900~2260 m 的多石山坡及草原灌丛中。分布于新疆天山与准噶尔盆地。饲用植物。

肋果蓟

Ancathia igniaria (Spreng.) DC.

菊科 Asteraceae

肋果蓟属 *Ancathia* DC.

分布于新疆中部及北部（天山及阿尔泰山）。生于干旱石质荒滩、山坡等，海拔 1100~1410 m。

羊眼花

Inula rhizocephala Schrenk

菊科 Asteraceae

旋覆花属 *Inula* L.

生于针叶林下、石砾坡地及高山岩石上，海拔 1700~3500 m。

花花柴

Karelinia caspia (Pall.) Less.

菊科 Asteraceae

花花柴属 *Karelinia* Less.

生于戈壁滩地、沙丘、草甸盐碱地和苇地水田旁，常大片群生。

大叶橐吾

Ligularia macrophylla (Ledeb.) DC.

菊科 Asteraceae

橐吾属 *Ligularia* Cass.

生于海拔 700~2900 m 的河谷水边、芦苇沼泽、阴坡草地及林缘。产于新疆天山及阿尔泰山。

多年生灰绿色草本，根和根茎常作为中药紫菀入药。新鲜时牲畜不吃，是草原和草甸的有害毒草。

雪莲花

Saussurea involucrata (Kar. & Kir.) Sch.Bip.

菊科 Asteraceae

风毛菊属 *Saussurea* DC.

生于高山冰碛石和流石滩石隙、高山草甸悬岩峭壁石缝，海拔 1800~4100 m。新疆天山有分布。

雪莲是高山名贵中药材，产量极低，2000 年国家已明令禁止采挖野生雪莲。

中国高等植物受威胁物种名录收录（EN，濒危）。

国家重点保护野生植物名录收录（二级）。

橡胶草

Taraxacum koksaghyz Rodin

菊科 Asteraceae
蒲公英属 *Taraxacum* F. H. Wigg.

生长在河漫滩草甸、盐碱化草甸、农田水渠边。国内仅分布于新疆。

根含乳汁，可提取橡胶，用于制造一般橡胶制品。

五福花

Adoxa moschatellina L.

五福花科 Adoxaceae
五福花属 *Adoxa* L.

生于海拔 4000 m 以下的林下、林缘或草地。独特的花序寓意“五福”。

多伞阿魏

Ferula feruloides (Steudel) Korovin

伞形科 Apiaceae
阿魏属 *Ferula* L.

荒漠植物，生于山前覆沙砾石戈壁。产于新疆北部。
药用植物。

新疆重点保护野生植物名录收录（二级）。

第八章　地貌

◤五彩城雅丹地貌

雪山盆地相映，草原戈壁交织，三山夹两盆的地貌特征绘就了大美新疆奇幻画卷。

新疆地貌资源十分丰富，南北东西都有分布，且各地色彩、景观、类型差异很大，是新疆最大的旅游资源之一。

一、新疆地貌概况

根据形成原因，新疆的地貌类型包括流水地貌、湖成地貌、风成地貌、干燥地貌、冰川地貌、冰缘地貌、黄土地貌、火山熔岩地貌和喀斯特地貌等 9 个类型。其中比较著名的地貌景观有风蚀平原、雅丹（风成）地貌、沙丘地貌和喀斯特地貌等。

新疆盖孜河谷

魔鬼城

◤温宿大峡谷中风蚀形成的石柱

吐鲁番火焰山前的龟裂地貌

天山地貌景观

二、雅丹地貌

雅丹地貌主要由湖相地层经季节性洪水切割，再经强烈风蚀作用形成。

狭义的雅丹地貌指发育在松软的沉积物上，经风力和洪水等作用而形成的呈流线型或长垄状为主的风蚀地貌，中国古代称之为龙堆、白龙堆。

广义的雅丹地貌是指发育在时代不同的各种岩性上，由风力作用为主形成的垄岗状的风蚀地貌，由柱、墩、丘等组成。

温宿大峡谷中的雅丹地貌

新疆的雅丹地貌主要分布于乌尔禾魔鬼城、将军戈壁、哈密、罗布泊北部和楼兰古城一带，以及拜城县克孜尔魔鬼城、温宿大峡谷和吉木萨尔县五彩湾等地。

乌尔禾的雅丹地貌——魔鬼城

◤罗布泊白龙堆雅丹地貌，长丘成排展布，长轴与主风向相一致

▼吉木萨尔县五彩湾的雅丹土丘地貌

▼库车大峡谷中的雅丹石城地貌

◤拜城县雅丹地貌

◤温宿大峡谷中风蚀形成的石柱和石墙

◤温宿大峡谷中风蚀形成的石蘑菇

准噶尔盆地雅丹地貌 1

◤准噶尔盆地山前冲积扇

◤准噶尔盆地雅丹地貌 2

三、风蚀地貌

风蚀平原是由松散或半胶结物质组成的地面，经风蚀形成，通常可见风蚀洼地、风蚀长丘、残丘等。主要分布于罗布泊西岸、乌尔禾、三个泉等地。

布尔津县五彩滩是典型的流水侵蚀加风蚀地貌，地处干旱多风地带，由于河岸岩层间抗风化能力的强弱程度不一，加之岩石色彩各异，从而形成了彩色丘陵。

布尔津县五彩滩流水侵蚀加风蚀地貌

◤乌尔禾的风蚀地貌

◤温宿大峡谷中的风蚀加水蚀地貌

◤乌尔禾的风蚀残丘

◤罗布泊的风蚀平原，可见风蚀洼地和残丘

四、其他地貌

沙丘地貌由风沙堆积形成，形态复杂，类型多样，异常壮观，有新月形沙丘、鱼鳞状沙丘、星状沙丘、羽状沙丘、树枝状沙垄等，主要分布于塔克拉玛干沙漠、古尔班通古特沙漠和库木塔格沙漠。

流水黄土地貌是指由黄土堆积的台地和古老倾斜平原，经流水侵蚀切割形成。代表区域之一是玛纳斯大峡谷。

喀斯特地貌在新疆主要分布于昆仑山东部库木库里盆地和阿尔金山国家级自然保护区鲸鱼湖东北部山区。该地貌是可溶岩经冰川和水流侵蚀，加之岩体崩落和塌陷等过程形成，呈现出多样的岩墙、孤峰、峰丛、峰林、石瀑、岩溶漏斗等形态。

天山南麓红层地貌

◤昆仑山冲积平原水蚀黄土地貌

◤昆仑山前山带水蚀黄土地貌

◤玛纳斯大峡谷的流水黄土地貌

托木尔红层地貌

◤天山北坡地貌

第九章　矿产

可可托海三号矿坑

新疆在漫长的地质时期经历了复杂、多样的构造演化，造就了新疆大地多姿多彩的独特矿产面貌。

阿尔泰山主要产铜、铅锌、金、铁、锂、铍等矿产，“环准噶尔”主要形成铜、镍、钼、铬、铁、金等矿产，“环塔里木”主要形成铁、铅锌、铜、金、锰等矿产，昆仑山以铁、铜、铅锌、汞锑、锂等矿产为特点。此外，两大盆地是能源矿产（石油、天然气、煤、煤层气、油页岩、铀等）及特色非金属矿产（饰面用花岗岩、石灰石、红柱石、石棉、白云母、石膏、石墨、玉石、宝石等）的聚宝盆。

一、新疆矿产概况

新疆地壳演化及矿产形成

新疆位于欧亚大陆的腹地，地跨古亚洲构造域和特提斯构造域，是全球显生宙陆壳增生与改造最显著的地区之一。新疆经历了太古宙－中元古代、新元古代－古生代，随着古陆的裂解、古亚洲洋和特提斯洋的形成，新疆进入强烈的板块活动阶段。古亚洲洋的形成、发展与消亡形成了新疆北部古生代主体构造格架。特提斯洋的演化与闭合导致青藏高原北部陆块拼贴于塔里木南缘，新疆南部中生代以来的构造格架基本形成。新生代以来，随着印度板块与欧亚大陆汇聚，南部印度板块向北推挤，造成了新疆山脉迅速抬升与逆冲推覆构造的发育，形成复杂多样的地质记录和三山夹两盆的现代地貌格局，是全球盆山耦合体系的典型代表。

三道岭露天煤矿蒸汽机车行驶在戈壁上

世界上所有重要类型金属矿床在新疆均有产出，如斑岩型铜金矿床、岩浆型铜镍硫化物矿床、造山型金矿床、浅成低温热液型金矿床、火山块状硫化物型铜多金属矿床、喷流沉积型铅锌铜矿床、铁氧化物铜金矿床、热液脉型金银矿床、伟晶岩型稀有金属矿床、砂岩型铜铅锌铀矿床、密西西比河谷型铅锌矿床和蒸发沉积矿床等。

沙尔湖煤矿

新疆矿产概况及重要矿产地

新疆位于古亚洲和特提斯洋两大全球成矿域中，矿产资源丰富，矿种齐全，矿产资源勘查开发潜力巨大，是我国矿产资源的重要接替区。目前已发现矿产 153 种，占全国已发现矿种的 88%；查明有资源储量的矿种 103 种，占全国的 63%，其中能源矿产 8 种、金属矿产 32 种、非金属矿产 59 种、水气矿产 4 种；保有查明资源量居全国首位的有 10 种，前五位的有 52 种，前十位的有 77 种。初步统计，2018 年末已发现矿床 1564 处（超大型 66 处、大型 231 处、中型 322 处、小型 945 处）。

新疆优势矿种有八大类，优势矿种重要矿产地与全国排名见表 1。

表 1　新疆优势矿种重要矿产地与全国排名

矿产分类	矿种	重要矿产地	全国排名
能源	石油、天然气	塔河、哈得逊、塔中 1 号、克拉 2 号	石油 1、天然气 2
	煤炭	准东、准南、和什托洛盖、吐哈、伊宁、库拜、三塘湖－淖毛湖	2
黑色金属	铁	蒙库、查岗诺尔、敦德、备战、天湖、磁海、切列克其、喀腊大湾、老并、赞坎、迪木那里克	10
	铬	萨尔托海、沙大王、卡瓦布拉克、红柳沟	2
	锰	奥尔托喀纳什、玛尔坎苏、穆呼	1
有色金属	铜	阿舍勒、红海－黄土坡、土屋－延东、包古图、蒙西	3
	铅锌	火烧云、乌拉根、彩霞山、可可塔勒、哈尔达坂、阿齐山、维山	锌 3、铅 5
	镍	喀拉通克、黄山南、黄山东、黄山	2
	钼	苏云河、东戈壁、白山、库勒萨依	8
	锑	硝尔库勒、屈库勒克东、卧龙岗	12
贵金属	金	萨瓦亚尔顿、齐依求 1 号、阿希、卡特巴阿苏、卡拉麦里 1 号、沙尔布拉克、多拉纳萨依	3
	银	塔尔塔格、阿舍勒、维权、夏塔、阿合栏杆、琼库都克	7
稀有金属	锂	苦水湖、库卡拉盖、柯鲁木特、可可托海、大红柳滩、乌尊硝	5
	铍	白杨河、可可托海	3
	铌钽	波孜果尔、可可托海、大红柳滩	铌 3、钽 2
	铷	波孜果尔、可可托海、将军山、白石头泉、柯鲁木特、沙东	2
化工原料	钾盐	罗北、罗南	
	纳硝石	库木塔格	
建材非金属	石膏	库木塔格	
	蛭石	且干布拉克	
	白云母	那森恰、阿尤布拉克、库威河中下游	
	石墨	羊山、孔克热、苏吉泉	
	红柱石	霍拉山、苏克塔格能厄肯、库鲁克坤、下泉西	
	石棉	阿帕、依吞布拉克、克其阔勒	
	萤石	卡尔恰尔西南、铁列克	
宝玉石	玉石	密尔岱、阿拉玛斯、玛纳斯、东德沟里萨依、黑英山	
	宝石	可可托海、阿祖拜、佳木开、黑英山、苏巴什	

新疆矿产资源开发利用现状

新疆矿业开发历史悠久，目前已建立起石油天然气、煤炭、钢铁、有色、稀有、化工等工业系统，铁、金、铜、镍、钾盐等矿产开发利用已成为新疆的支柱产业。

■ 能源

准噶尔盆地、塔里木盆地、吐哈盆地油气生产基地；准东、准南、吐哈煤田。

■ 黑色金属矿产

铁矿年产铁矿石量 3539 万吨（2014）；锰矿正在建设，重点针对新发现大型矿床的开发矿山；铬铁矿主要开发萨尔托海矿山。

■ 有色金属矿产

富蕴县喀拉通克铜镍矿、阿舍勒铜矿、可可塔勒铅锌矿；沙里塔什、乌拉根、霍什布拉克等探、采、选一体矿山。

■ 贵金属矿产

金矿山 75 处（岩金矿 66 处，砂金矿 9 处），阿希、哈图等大型矿山日处理矿石量达 500~700 吨。

■ 稀有金属

开发历史悠久的可可托海稀有金属矿，是新疆唯一的铍资源深加工基地。

■ 化工原料矿产

钾盐开发主要集中在罗布泊地区，已形成 300 万吨 / 年的钾肥生产能力。

■ 建材非金属矿产

已经和正在开发的矿种有石棉、红柱石、石膏、石灰岩、蛭石、石盐，以及其他工业岩石、工业矿物等。

■ 宝玉石矿产

开发历史悠久，以和田玉驰名中外，其中的羊脂白玉最受世人追捧。

二、新疆常见矿产

大美新疆，天赋蕴藏，“山山有金铜铁、盆盆有煤油气”。新疆矿产资源丰富，具有资源优势突出、矿种齐全、分布广、配套程度高以及部分矿种资源储量大、质量好等特点，成矿地质条件得天独厚，是我国重要的能源资源开发区。常见矿产有石油、天然沥青、铯、红柱石、钠硝石、芒硝、花岗岩（饰面用）等。

◤温宿县盐山

贝壳化石

| 产地：西准格尔

海底无脊椎动物，外形似双壳类软体动物，腕足类的壳分背壳和腹壳，双壳类是左右两片壳，下壳通常较大，后端北侧有一喙状突及一圆形开孔。多分布于海洋，约 80 属 300 种。

大理岩（金米黄）

| 产地：哈密金米黄矿区

米黄色，针状、粒状至粗粒变晶结构，块状构造，主要由方解石和硅灰石构成。方解石无色至浅灰色，粒状，粒度不均匀。该样品属于一种大理岩石材。

蛋白石（原矿石）

| 产地：罗布泊北缘地区

蛋白石是天然硬化的二氧化硅胶凝体，含 5%~10% 的水分，属于非晶质。该样品为蛋白石原矿石产出状态。

粉砂岩

| 产地：鄯善县

粉砂岩是由粉砂碎屑组成的沉积岩。碎屑物以石英为主，长石和岩屑少见，有时含较多的白云母。填隙物有钙质、铁质和黏土质等。

和田玉

“中国四大名玉”之一（另外 3 种为陕西蓝田玉、辽宁岫玉和河南独山玉）。和田玉虽然因新疆和田而命名，但并非特指新疆和田地区出产的玉，而是一类产品的名称，即无论产于我国新疆、青海、辽宁，还是俄罗斯、加拿大、韩国，只要其主要成分为透闪石便可称为和田玉。但是，唯独新疆的和田玉因特殊的地质成因属于非蛇纹岩型透闪石玉。

铁锰矿石（黑锰矿）

| 产地：和静县

铁锰矿石通常呈粒状、块状集合体。颜色黑色，条痕红褐色，相对密度4.7~4.9，硬度5左右。黑锰矿为无水矿物。

花岗岩（鄯善红）

| 产地：鄯善县

花岗岩是一种岩浆在地表以下凝结形成的火成岩，花岗结构、块状构造，主要矿物是石英、钾长石和酸性斜长石；次要矿物是黑云母、角闪石，石英含量一般大于25%，暗色矿物含量常小于5%。

石灰岩

| 产地：塔尔哈巴塔山

石灰岩是一种沉积岩，几乎由纯的方解石构成，其中较为常见的是黏土矿物、石英粉砂、铁质微粒、海蓝石、有机质等。

石英岩

| 产地：鄯善县帕尔岗

石英岩的主要矿物为石英，可含有云母类矿物及赤铁矿、针铁矿等。

石英岩（鄯善彩石）

| 产地：鄯善县、克拉玛依

石英岩的主要矿物是石英，可含有云母类矿物及赤铁矿、针铁矿等，其主要化学成分是石英（SiO_2）。石英岩一般为块状构造，粒状变晶结构，呈晶质集合体。

石英岩（地表砾石，产于鄯善县帕尔岗）

石英石（产于克拉玛依）

石英石（鄯善彩石，产于鄯善南湖乡）

石油

石油主要成分是各种烷烃、环烷烃、芳香烃的混合物。原油的成分主要有油质、胶质、沥青质、碳质。原油有红、金黄、墨绿、黑、褐红，甚至透明等各种颜色。地壳上层部分地区有石油储存。原油加工的产品有煤油、苯、汽油、石蜡、沥青等。石油主要被用作燃油和汽油，也是许多化学工业产品，如溶液、化肥、杀虫剂和塑料等的原料。

克拉玛依黑牛山的露头原油

抽油机（俗称磕头机）

蓝矾矿石

| 产地：卡拉塔格红石矿区

蓝矾矿石是五水硫酸铜的俗称，一种硫酸盐矿物，是铜的硫化物被氧分解后形成的次生产物。

铜矿化岩石（孔雀石）

| 产地：西准噶尔

铁黑色夹孔雀石绿，细粒结构，条带状、块状构造，铁铜共生，主要矿物成分为磁铁矿、黄铜矿、黄铁矿。

铜矿石

| 产地：卡拉塔格红石矿区

铜矿石是硫化物或氧化物与其他矿物组成的集合体，与硫酸反应生成蓝绿色的硫酸铜。自然铜矿物有各种各样的颜色。

铜镍矿石

| 产地：哈密市镜儿泉矿区

镍属于亲铁元素，在地球中的含量仅次于硅、氧、铁、镁，居第五位。地核中镍含量最高，是天然的镍铁合金。

伟晶岩

| 产地：富蕴县可可托海

伟晶岩是由巨粒矿物组成的淡色结晶岩，常为带脉状并成群产出。矿物晶体很粗大，数厘米至数米，有时具带状构造，是富含挥发分的硅酸盐残浆。按形成过程中矿物种类的复杂程度，可分为简单伟晶岩和复杂伟晶岩。

岫岩玉

| 产地：哈密金米黄矿区

岫岩玉物质成分复杂，按矿物成分的不同，分为透闪石玉、蛇纹石玉和透闪－蛇纹石玉三类，还可将岫岩玉分为蛇纹玉、花色玉、绿泥玉三种。

盐类矿物

| 产地：温宿县

盐类矿物是碱金属、碱土金属的卤化物，硫酸盐、碳酸盐、重碳酸盐及少量硼酸盐、硝酸盐等矿物的总称。

可可托海三号矿坑

可可托海三号矿坑是伟晶岩脉矿坑，深 200 m，长 250 m，宽 240 m，边壁上的盘山道呈螺旋状，盛产世界上已知的 140 多种有用矿物中的 86 种，是全球地质界公认的“天然地质博物馆”。该矿为中国“两弹一星”的成功发射及国防建设作出了重要贡献，被誉为“英雄矿”“功勋矿”。

准东煤田

2005 年，经勘探确认准东煤田地下储藏着上千亿吨的煤炭资源。“准东”是指准噶尔盆地东部，从阜康市到木垒哈萨克自治县的一条狭长地带，东西长约 220 km。茫茫戈壁下蕴藏着 3900 亿吨煤炭资源，是我国最大的整装煤田。

主要参考文献

[1] 阿布都拉·阿巴斯，吴继农．新疆地衣[M]．乌鲁木齐：新疆科技卫生出版社，1998.

[2] 阿布力米提·阿布都卡迪尔．新疆哺乳动物的分类与分布 [M]．北京：科学出版社，2002.

[3] 陈曦．中国干旱区自然地理 [M]．北京：科学出版社，2010.

[4] 冯缨，严成，尹林克．新疆植物特有种及其分布[J]．西北植物学报，2003，23(2).

[5] 高行宜．新疆脊椎动物种和亚种分类与分布名录．新疆科学技术出版社，2005：332.

[6] 管开云，郭忠仁，朱建国．正在消失的美丽：中国珍稀濒危动植物寻踪[M]．北京：北京出版集团，北京出版社，2019.

[7] 胡汝骥．中国天山自然地理 [M]．北京：中国环境科学出版社，2004.

[8] 蒋志刚，江建平，王跃招，等．中国脊椎动物红色名录[J]．生物多样性，2016，24(05)：501-551，615.

[9] 约翰·马敬能，卡伦·菲利普斯，何芬奇．中国鸟类野外手册[M]．湖南教育出版社，2000：571.

[10] 李维东．发现伊犁鼠兔[J]．森林与人类，2015(08)：112-117.

[11] 李文军，管开云．中国生态博物丛书：新疆山地卷[M]．北京：北京出版集团，北京出版社，2023.

[12] 马鸣．新疆鸟类分布名录[M]．北京：科学出版社，2011.

[13] 马鸣，徐峰，程芸，等．新疆雪豹[M]．北京：科学出版社，2013.

[14] 沈冠冕．新疆经济植物及其利用[M]．乌鲁木齐：新疆科学技术出版社，2010.

[15] 世界自然保护联盟物种生存委员会，IUCN 物种红色名录，2010.

[16] 新疆植物志编辑委员会．新疆植物志（一—六卷）[M]．乌鲁木齐：新疆科技卫生出版社，1992—2011.

[17] 尹林克．新疆珍稀濒危特有高等植物[M]．乌鲁木齐：新疆科学技术出版社，2006.

[18] 袁国映，袁磊．新疆自然保护区[M]．乌鲁木齐：新疆科学技术出版社，2006：70-75.

[19] 袁国映．新疆生物多样性[M]．乌鲁木齐：新疆科学技术出版社，2008.

[20] 赵震宇．新疆食用菌志[M]．乌鲁木齐：新疆科技卫生出版社，2001.

[21] 中国科学院新疆生物土壤沙漠研究所．新疆药用植物志（一—三册）[M]．乌鲁木齐：新疆人民出版社，1977—1981.

[22] 中国科学院新疆综合考察队，中国科学院植物研究所．新疆植被及其利用[M]．北京：科学出版社，1978.

[23] 中国植物志编委会．中国植物志[M]．北京：科学出版社，1959—2002.

[24] 中华人民共和国濒危物种进出口管理办公室，中华人民共和国濒危物种科学委员会．濒危野生动植物种国际贸易公约附录Ⅰ、附录Ⅱ和附录Ⅲ，2010.

后记

2018 年，中国科学院新疆生态与地理研究所（以下简称“新疆生地所”）启动科普馆的升级改造。作为项目的负责人，尽管在植物科普馆的建设方面有一定经验和体会，但新疆生地所的科普馆涉及学科较多，对我们来说仍然是个全新的挑战。经过近两年的努力，在众多同事的大力支持和共同努力下，科普馆终于在 2020 年 12 月以崭新的姿态对公众开放，同时更名为“新疆自然博物馆”，许智宏院士亲笔为博物馆题词。

在亲自参与新疆自然博物馆设计和改造建设的过程中，通过对所有展示文字、照片以及其他相关资料的深入了解，我们学习到了许多新的知识，对新疆的自然状况有了更深、更全面的了解。与此同时，也产生了编著一本以新疆自然博物馆展示资料为基础脚本的科普图书，希望与广大读者共享相关科学知识，让更多的人对新疆有一个更加全面和深入的了解，为宣传新疆、推介新疆发挥作用，为新疆各项事业的发展作一点贡献。由此，便开始了本书的策划、编辑、寻找出版社等一系列工作。

原本以为在博物馆展示资料的基础上，稍加整理就可以成书，但真正开始编写时才发现，图书与博物馆展示不是一回事，大部分文字需要重新整理、编写和编排，很多图片需要更换或添加。因此，本书迟迟未能完稿付梓，幸而在众多同事的共同努力下，终于完稿。本书共分概述、山地、河湖、草原和草甸、荒漠、动物、植物、地貌和矿产九个章节，在新疆自然博物馆的展示中，还有新疆土壤和数字新疆两部分内容没有收录在本书中，主要原因是这两部分缺少相应内容和图片，只好遗憾地放弃。

为了让对自然生态系统有兴趣的读者能够更全面、更深入地了解新疆，同时也为了普及更多自然科学知识，以提高民众的生物多样性保护意识，我们在书中收录了较多新疆常见和特有的动植物物种，同时精选了不少十分精美的景观照片穿插其中。希望通过这些图片，给读者带来更多视觉享受，为那些从未到过新疆的朋友播下希望到新疆走走看看的种子，也为那些到过新疆的朋友燃起重游新疆的火种。另外，即便是土生土长的新疆人，也未必对新疆有全面的了解，我们也希望通过本书，让新疆本地的朋友走出家门，到没有涉足的地区走走，对新疆有更多、更深入的了解，为宣传新疆、建设新疆作出更大贡献。

本书从策划到完稿历经了近三年的时间，众多科研工作者参与了编写。在此，对所有参编人员和照片摄影者以及所有对本书的编辑出版关心和帮助过的人表示衷心感谢。此外，还要感谢傅德志教授，是他介绍我们认识了山东科学技术出版社的编辑陈昕女士，才有了本书的顺利出版。

本书的编写得到了第三次新疆综合科学考察项目“干旱区生物资源收集保育平台建设（2022xjkk1500）”和“荒漠生态系统构成要素及极端环境特殊生物种质资源调查（2022xjkk0200）”、中国科学院科学传播项目（2019 年度）、中国科学院“西部青年学者”项目（2022-XBQNXZ-003）、中国科学院战略生物资源科技支撑体系运行专项生物标本馆（博物馆）（CZBZX-1）、中国科学院战略生物资源计划（KFJ-BRP-007-008）和新疆天山英才培养计划项目（2023TSYCCX0082）等科研项目的经费支持，在此一并感谢。

新疆除了浩瀚的沙漠，还有巍峨的高山、广阔的草原、茂密的森林、清澈的湖水、多彩的地貌、丰富的矿产、可爱的生灵、迷人的植物。大美新疆期待您来欣赏和享受。

由于编者水平有限，不足和错误之处在所难免，敬请批评指正。

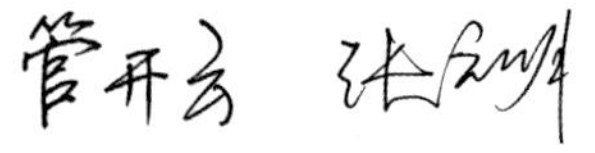

2024 年 5 月于乌鲁木齐